皮尔·卡丹

世界时装大师

石 静 ◎ 编著

中国社会出版社

"世界名人非常之路"编委会

主　　任：李丹丹

编　　委：
胡元斌	郭艳红	刘　超	周丽霞	赵一帆	乌日克
孙鹏飞	李　乐	石　静	刘干才	李　勇	王金锋
信自力	张学文	刘　力	李连成	顾文州	鹿军士
张恩台	李丹丹	牛　月	孙常福	钱佳欣	柳　静
张建成	闫婷婷	阎万霞	杨宏伟	李　奎	方仕华
方仕娟	张德荣	台运真	李正平	李正蕊	周红英
余海文	冯化太	冯化志	唐　容	熊　伟	杨永金
文杰林	刑建华	蒲永平	李建学	马　良	马金诚
向平才	文飞扬				

总策划：侯　钰

写在前面的话

那是18世纪,爱尔兰著名经济学家理查德·坎蒂隆著作了《商业性质概论》一书,他在该书中首次对"企业家"进行了定义,阐释企业家是专门承担风险的人。

后来,奥地利著名政治经济学家约瑟夫·熊彼特在所著《资本主义、社会主义与民主》中指出,企业家就是创新者,就是不断探索新的可能方案,不断寻找新的意义所在,不断发现新的实现自我的途径。按照他的定义,企业家的内涵和外延要广泛得多,不仅包括在交换经济中通常所称的生意人,也包括公司雇用人员,例如经理、董事会成员等。

美国著名企业家克雷格·霍尔在所著《负责任的企业家》中指出,企业家是做实事的人,是冒险家,是风险承担者,他们对朋友、商界伙伴和社会是负责任的。也就是说,企业家不仅是社会革新者,更是社会责任与信用关系的维护者,并且致力于改进社会。

总之,"企业家是不断在经济结构内部进行'革命突变',对旧的生产方式进行'创造性破坏',实现经济要素创新组合的人。"他们创造物质财富,推动社会不断进步,使人们更加幸福。财富虽然只是一个象征,但它与人们的生活、国家的发展、民族的强盛等息息相关。

企业家也创造巨大的精神财富,他们在追求财富过程中所表现出来的创新、冒险、合作、敬业、学习、执着、诚信和服务等精神,值得我们每一个人学习。这种企业家精神既是这个特殊群体的共同特征,也是他们独特的个人素质、价值取向以及思维模式,更是他们行动的理性超越和精神升华。

当然,企业家是在创造财富的实际行动中,在点点滴滴的事例中体现出伟大精神的。我们在追寻他们成长发展的历程时就会发现,虽然他们成长发展的背景各不相同,但他们在一生中所表现出的辛勤奋斗和顽强拼搏的精神,则是殊途同归的。

写在前面的话

这正如美国著名思想家和文学家爱默生所说:"伟大人物最明显的标志,就是他们拥有坚强的意志,不管环境怎样变化,他们的初衷与希望永远不会有丝毫的改变,他们永远会克服一切障碍,达到他们期望的目的。"同时,爱默生认为:"所有伟大人物都是从艰苦中脱颖而出的。"

为此,我们特别推出了"中外企业家成长启示录"丛书,精选荟萃了现当代中外在钢铁、石油、汽车、船运、时装、娱乐、传媒、电脑、信息、商业、金融、投资等方面最具有代表性的企业家,主要以他们的成长历程和人生发展为线索,尽量避免冗长的说教性叙述,采用日常生活中富于启发的小故事来传达他们的精神。尤其着重表现他们所处时代的生活特征和他们建功立业的艰难过程。本套作品充满了精神的力量、创业的经验、经营的学问、管理的智慧以及财富的观念,相信我们广大读者一定会产生强烈的共鸣和巨大的启迪。

为了让广大读者更方便地了解和学习这些企业家,我们还增设了人物简介、经典故事、年谱和名言等相关内容,使本套作品更具可读性、指向性和知识性。为了更加形象地表现企业家的发展历程,我们还根据他们的成长线索,适当配图,使之图文并茂,形式新颖,以便更加适合读者阅读和收藏。

我们在编撰本套作品时,为了体现内容的系统性和资料的翔实性,参考和借鉴了国内外的大量资料和许多版本,在此向所有辛勤付出的人们表示衷心谢意。但仍难免出现挂一漏万或错误疏忽,恳请读者批评指正,以利于我们修正。我们相信广大读者通过阅读这些著名企业家的人生成长与成功故事,会更好地把握自我成长中的目标和关键点,直至开创自我的幸福人生!

皮尔·卡丹

人物简介

❀ 名人简介 ❀

皮尔·卡丹（Pierre Cardin）1922年7月2日出生在意大利著名水城威尼斯近郊一户贫苦的农民家里，他14岁辍学，在法国格勒诺布尔的一家小裁缝店里当起了学徒。17岁那年，为了实现做一名服装设计师的梦想，他骑着一辆破自行车前往巴黎，几经周折，终于在时装之都站稳了脚跟。

1947年，皮尔·卡丹在他的领路人迪奥开办的公司里担任大衣和西服部的负责人。1950年，皮尔·卡丹用全部的积蓄买下了一间缝纫工厂，并独立开办了自己的时装公司，经过几十年的打拼后，他成长为举世闻名的世界顶级服装设计大师和成功的商人。

第二次世界大战以后，皮尔·卡丹毅然提出了"成衣大众化"的口号，他让高档时装走下高贵的T型台，直接服务于老百姓，为时装业的健康发展作出了重大的贡献。

皮尔·卡丹除了设计时装，他还设计家具、灯具、装饰品，甚至他还为电脑、通讯电子、汽车等产品进行过设计。

皮尔·卡丹与中国有着非常深厚的感情，1978年至2012年间，他数十次来到中国，不仅在商业上取得了巨大成功，还推动了中国时装行业的发展。

❀ 成就与贡献 ❀

在法兰西文明中，埃菲尔铁塔、戴高乐总统、卡丹服装和马克西姆餐厅四个名称的知名度最高、地位最突出。这其中，皮尔·卡丹

皮尔·卡丹

一人就占了服装和餐厅两项。

皮尔·卡丹所从事的社会活动，为世界各国人民之间的相互了解作出了巨大的贡献，他以他独特的热情和充沛的精力在欧亚大陆之间架起了友谊的桥梁。

鉴于皮尔·卡丹为各国间友好往来所作出的贡献，不仅联合国教科文组织在1991年2月聘任皮尔·卡丹为名誉大使，法国总统、意大利总统和日本天皇还分别向他颁发了勋章。

皮尔·卡丹还兼任了环地中海国家理事会秘书长的职务，他发起的拯救威尼斯和重修埃及亚历山大灯塔等活动，都受到广泛关注和好评。

地位与影响

1992年，皮尔·卡丹作为唯一的服装设计师当选精英荟萃的法兰西学院院士，从而奠定了他世界顶级服装设计大师的地位，并成为法兰西文化的突出象征。

金顶针奖是法国服装界最高荣誉大奖，对一个时装设计师来说，就如同电影的奥斯卡金奖一样，而皮尔·卡丹先后3次获得了此项大奖，至今无人能够超越。

皮尔·卡丹在国际社会享有盛誉，他从1957年开始，就连续造访刚刚走出战争阴影的日本，至今他已访问过日本30多次，深深受到日本人民的爱戴。

苏联、越南、古巴、利比亚等国家尚未完全对外开放时，皮尔·卡丹就到访过这些国家，他同以上许多国家的政府要人、政界名流、实业界大亨和艺术泰斗之间有着直接联系，而这些对外联系并未借法国政府之手，都是以他个人身份开展的。皮尔·卡丹作为民间外交家开展的这些活动，使他发挥了职业外交家都无法起到的作用。

2004年10月，由中法文化年组委会与皮尔·卡丹公司联合举办的一台名为"好日子时尚中国——皮尔·卡丹风华盛典颁奖晚会"在人民大会堂激情上演，中央电视台第四套国际频道和法国电视五台及法国时尚电视台同时向全球同步现场直播，彰显了皮尔·卡丹在中法文化界的影响和地位。

目录

皮尔·卡丹

服装界的奇才

出生在贫困家庭 …………………………………… 2
中途辍学的少年 …………………………………… 6
再次去巴黎寻梦 …………………………………… 11
独立创业获成功 …………………………………… 15
总统夫人的设计师 ………………………………… 20
名人们的"衣"恋 ………………………………… 25

打造卡丹王国

创造出卡丹风格 …………………………………… 30
收戈比·维尼为徒 ………………………………… 36
让丑小鸭变白天鹅 ………………………………… 41
进入制服领域 ……………………………………… 45
服装博览会获殊荣 ………………………………… 49
"君王"的气派 …………………………………… 53
与众不同的成功者 ………………………………… 58
俭朴的卡丹之家 …………………………………… 62

与中国的情缘

始于挂毯的中国情 ………………………………… 68
卡丹的中国助手 …………………………………… 72
打破中国市场的宁静 ……………………………… 75
开办马克西姆餐厅 ………………………………… 78
受欢迎的洋品牌 …………………………………… 81

皮尔·卡丹

目录

终于圆了中国梦……………………………………… 87
中西方的文化使者…………………………………… 91
服装界的东方霸主…………………………………… 95
难忘的蓉城之恋……………………………………… 99
在服装节上打假…………………………………… 109
掀起浪漫冲击波…………………………………… 112
出售商标使用权…………………………………… 118
依旧中国不了情…………………………………… 123

卡丹品牌之道

对美与艺术的痴恋………………………………… 130
时装界的开路先锋………………………………… 136
卡丹的渗透策略…………………………………… 141
百年终于磨成一剑………………………………… 150
树立法兰西形象…………………………………… 154
美与艺术的冒险家………………………………… 159
连接和平的纽带…………………………………… 164
永远的时尚老人…………………………………… 172
人间处处有"卡丹"………………………………… 181

附 录

经典故事…………………………………………… 186
年 谱……………………………………………… 191
名 言……………………………………………… 194

服装界的奇才

我能画图、剪裁、缝合、试样，直至销售，这完全是我勤奋好学的结果。

——皮尔·卡丹

出生在贫困家庭

1922年7月2日，意大利著名的水城威尼斯近郊，从一户贫困的农民家里，传出婴儿的啼哭声。这是老卡丹家出生的第七个孩子，是个男孩儿，老卡丹给他起了个"皮尔·卡丹"的名字。

老卡丹望着这个瘦小孱弱的孩子，毫无喜悦之情，他担忧着如何才能将他养育成人，在这个风雨飘摇的环境中争得一点儿生存的空间；如何才能使他摆脱贫穷和饥饿，在竞争激烈的环境中学得一技之长。老卡丹做梦也不会想到，这个"嗷嗷"待哺的孩子日后会成为一个与法国著名的埃菲尔铁塔和民族英雄戴高乐齐名的时装巨子。

老卡丹一家人靠帮人种植葡萄为生。每逢年景不好时，老卡丹还得冒着危险和寒冷到山里为人开冰，一家人就这样过着艰难的生活。

小卡丹的童年时期，意大利还没有走出第一次世界大战的阴影。风光旖旎的威尼斯上空充满战争的硝烟，整片整片的葡萄园被战火烧毁。

这场无情的战争不仅吞噬掉许多无辜的生命，连绵的战火也使土地荒芜，让农民们失去了最低的生活保障。为了逃避战乱和谋求生计，老卡丹依依不舍地离开了世代赖以生存的葡萄园，拖家带口踏上了背井离乡的漫漫旅途。

在威尼斯河畔，老卡丹用一块破布浸湿了河水，仔细地给身上裹着破旧的蓝被单的小卡丹擦洗着稚嫩的脸和小手。满怀伤感的老卡丹心里清楚，这可能是最后一次用家乡的水为小儿子擦洗了。

爱笑爱闹的小卡丹被始终没有笑容的爸爸吓住了，此时安静地坐在那里，小卡丹只知道总是吃不饱，却不明白为什么路上遇到的所有人都像爸爸那样的不高兴。

经历了路途上的无数艰辛，在法国东南部的格勒诺布尔，卡丹全家人勉强定居下来。

一家人本来就十分艰难的日子，又历尽搬迁之苦，真正到了家贫如洗的地步。在这种情况下，老卡丹无奈，为了一家人的生活，他每天骑马冒险登上高高的雪山采下大块的冻冰，再运到城里卖给有钱人家，挣几个小钱，维持着一家人的生计。

皮尔·卡丹在格勒诺布尔度过了他的童年。

童年生活虽没有给小卡丹带来太多的欢笑，但家庭的温暖和生活的乐趣却使他快乐地成长。

他不能忘记曾同小伙伴们一起，在宽广的草地上嬉笑打闹，忘不了因不小心打碎了花瓶而受到母亲的责备，更忘不了父亲进家门时疲惫的面容。

父亲又为生存奔波了一天。每当夜晚来临，老卡丹在一旁默默沉思时，小卡丹总是依偎在母亲的怀里，望着窗外繁星闪烁的天空，听着母亲轻柔的歌谣，幸福地睡去。

就在这里，小卡丹做出了一件特别的事情。这件事情让皮尔·卡丹走上了一个新的人生历程，就像牛顿观看苹果落地一样，纯属偶然，但是这种偶然改变了他一生的命运，使他这个名不见经传的穷小子，逐渐变成了全球家喻户晓的时代巨子。

一个阳光灿烂的夏日，7岁的小卡丹趴在绿茵如毯的草坪上，双手托着他那个充满了奇思异想的小脑袋，一对明亮的眼睛时而望着远方的地平线，时而又漫无目的地环顾四周的房子和不远处的小路。

蓦地，他的眼睛盯住一处不动了，一个衣着华美的小女孩走进了他的眼帘，小女孩怀里抱着一个十分漂亮的布娃娃。

那个布娃娃吸引了小卡丹的注意力，他不由自主地爬起来，来到那个小女孩身边，从他那双小眼睛里射出的目光在那个布娃娃身上不停地转动。

正当他看得入神时,那个小女孩非常生气地将布娃娃扔到草地上,噘着小嘴自言自语:"你的裙子这么难看,真让人讨厌。"说完,她一转身走了。

小女孩的举动让小卡丹吃惊,他小心地把布娃娃捡了起来,仔细地端详着,的确,那裙子的颜色太单调了,要是能给它换上一条鲜艳的裙子一定会变得很美。

小卡丹非常珍惜地将布娃娃抱在自己的怀里,希望它的小主人会回心转意把它带回去。他一边耐心地等待,一面幻想着布娃娃的裙子像鲜花一样不停地变换色彩。

小卡丹抱着布娃娃回到了自己那贫穷但充满温馨的家里。

"卡丹,你怎么把人家的东西拿回来了?"母亲气愤地问道。

小卡丹连忙将经过向妈妈讲述一遍,并且,还一再表示,一定要给布娃娃换上一条漂亮的裙子,再将它物归原主。

晚饭后,小卡丹从母亲的针线篮子里找来了碎布和针线,在昏暗的油灯旁,精心为布娃娃缝制小裙子。他的小手好几次被针扎出了血,他竟毫不在意。

他缝缝拆拆,拆拆缝缝,直至满意方才罢休。布娃娃穿上了一条漂亮的小裙子。

第二天早上,小卡丹抱着重新装扮好的布娃娃来到那片草地上,期待着它的小主人出现。

等啊等啊,始终不见那女孩出现,小卡丹

想，她是否喜欢我的这个布娃娃？她还会像先前那么生气吗？

等啊等啊，终于，那位小女孩出现了，但手里却抱着一个新买的布娃娃。当她看见卡丹时，不禁惊讶地叫道："啊，你的布娃娃是从什么地方买的？"

"不是买的，这还是你扔掉的那个。"小卡丹答道。

"不信，我的那个丑陋不堪，非常难看，哪有你的那么漂亮。"小女孩说道。

"我只不过给布娃娃缝了一条新的裙子。"

"真的？"小女孩惊讶地问道。

"我怎么会骗你呢？"小卡丹说道。

"啊，这么漂亮的裙子啊！"

听到小女孩的赞叹声，小卡丹非常高兴。小女孩看到小卡丹的布娃娃恋恋不舍。她忍不住要求将自己的新布娃娃与小卡丹那个漂亮的布娃娃相交换，小卡丹看着自己的布娃娃，他极不情愿地将手中的布娃娃还给了小女孩。

没想到，这条小花裙竟决定了他以后的人生道路。因此，这条小花裙也成了皮尔·卡丹一生中设计的第一件裙子。

中途辍学的少年

小卡丹在8岁那年，举家迁往圣莱第昂。

父亲把他送进当地的一所小学读书。然而，小卡丹对读书非常不感兴趣，那条裙子在他的心灵里打下了深深的烙印，永远也抹不掉了。

在他上小学时，甚至在中学里，法国同学经常恶意讥讽他为"通心粉、窝囊废"，这些歧视性的话，严重地伤害了一颗少年的心。

他在放学后经常溜到商店的橱窗前，站在那里痴迷地观看里面各式各样的服装，他觉得只有在那时才感到平静和心情愉快，做服装设计师的想法开始在他的心中萌芽。

从那以后，皮尔·卡丹经常留意周围人的服装样式，一有时间就到服装店去观看那些不同款式的服装。与所有逛商店的人不同，他只是去看服装，从不买服装，他由于经常光顾，跟服装店的许多服务员都非常熟悉。

皮尔·卡丹在中学后期，曾参加过校内戏剧演出，从那时起，他对舞台产生了浓厚的兴趣。他非常乐意帮助那些管服装的人整理服装，看着那一件件色彩各异的衣服，他总是把那些他不满意的款式在想象中修改一遍。

父亲以卖冰块为生，加上孩子多，家里一贫如洗，卡丹10多岁便外出打小工，靠干零活来挣点小钱贴补家用，因此影响了卡丹的学业，他的学习成绩非常不好。为此，卡丹的双亲为儿子的前途忧心忡忡，对儿子今后谋生的问题很着急。

然而，从苦难中磨炼出来的皮尔·卡丹，早就树立了自己的理

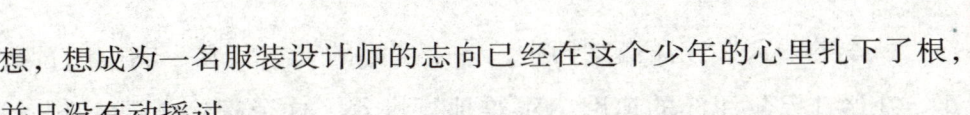

想，想成为一名服装设计师的志向已经在这个少年的心里扎下了根，并且没有动摇过。

厄运接踵而来，皮尔·卡丹的父亲生意日趋惨淡，母亲卧病在床，家境更加艰难。14岁的皮尔·卡丹只好中途辍学，在一家小裁缝店里当上了学徒。

在小裁缝店，皮尔·卡丹真正地开始尝试服装的设计。虽说辛苦的工作使他时常疲惫不堪，但对服装的浓厚兴趣使他忘记了生活的烦恼，他积极地投入到服装制作的工作中去，一点一滴、如饥似渴地学习着剪裁技能。

皮尔·卡丹似乎天生就具备做服装的才能。不到两年时间，他的手艺就已经超过了他的师傅，并在当地有了些小名气。他常常设计出一些款式新颖的服饰，很受当地一些富家小姐们的青睐，不时有人上门请他专门设计女装。

有一次，一位有钱人家的小姐非常喜欢皮尔·卡丹设计的款式，她决定将皮尔·卡丹请到家中专门为她设计服装。但是那时的皮尔·卡丹还离不开他的师傅，师傅也离不开他的帮助。所以，他回绝了那位小姐的请求。

在众多种类的服装中，皮尔·卡丹非常喜欢新奇高雅、款式多样的舞台服装。为了开阔自己的视野，他开始研究各种舞台服装的样式。他白天在裁缝店工作，晚上到当地一个业余剧团当演员亲身体验。

舞台服装的新奇艳丽给皮尔·卡丹留下了很深的印象，对他的未来设计风格产生了重大的影响。

不久，羽翼渐丰的皮尔·卡丹有些不安分了，觉得圣莱第昂的天地对他有些小了，在这里自己根本不可能实现他的远大志向。他下定决心，到世界服装的中心和艺术家灿若群星的巴黎去闯荡，在那里寻找属于自己的天地。

秋季的一天，在潇潇细雨中，一个瘦小的青年骑着一辆破旧自行车，在通往巴黎泥泞的道路上艰难地行进着。这个青年就是17岁的皮尔·卡丹。

然而，皮尔·卡丹还不知道生在一个纷乱的时代和一个多灾多难的国家，对于实现一个人的理想有多么难。由于对当时战争形势的不了解，他选错了来巴黎的时机。

当时，第二次世界大战已经拉开了帷幕。巴黎战云密布，到处是逃难的人群，大街小巷站满荷枪实弹的德国士兵。巴黎很难进去，即便进去了也没有多大意义，因为城里所有的时装商店为了逃避战争全都停业了。

在战争岁月里，时装对人们来说已不重要了。由于他违反了宵禁令，被德国占领军关进了监牢，幸亏他不是犹太人，经过重重审查，才被释放出来。

皮尔·卡丹的理想一夜之间化成了泡影。他怅然而无目的地走在巴黎的街道上，那满目的断垣残瓦，令他雄心勃勃的内心黯然失色，他的服装设计师的梦想破灭了。他恨这场战争，恨这个世界，同时也为自己不幸的命运深感悲伤。

皮尔·卡丹非常失望，但又不愿重返圣莱第昂，于是他决定到维希碰碰运气。

当来到维希时，皮尔·卡丹已是筋疲力尽、饥肠辘辘了。在维希这个地方，他没有亲友，身上没有一文钱，他只能像流浪汉一样，在街头巷尾徘徊。

然而，天无绝人之路，机会往往就隐藏在危难之中。维希虽然也深受战争的创伤，但没有巴黎那么严重。

一天，皮尔·卡丹来到市中心的一家时装店，被橱窗里摆着的一排排时髦的时装样品所吸引，他忘记了疲劳和饥饿，冒冒失失地闯进店里，找到了老板，要求在店里当一名学徒。

店老板看着这个像个乞丐似的年轻人,虽然有些怀疑,但还是决定让他试一试。经过一番考试,老板对他很满意。

从此,皮尔·卡丹在这里勤学苦练,很快就掌握了服装设计、裁剪技术,3年之后他便成了该店最好的裁缝。

当时,巴黎是欧洲的时装中心,到维希后,皮尔·卡丹还是日夜思念着巴黎。他认为只有巴黎,才能让他成为真正的服装设计师。然而,战火四起,灾难频发,皮尔·卡丹到巴黎的愿望很难实现,他只能在焦虑之中期待着、期待着。

他深知在这个战火连天的动乱年代中,要想马上踏进巴黎是不可能的。他决定暂时在维希落脚,再进一步提高自己的技艺,待战争平息后再去巴黎实现梦想。

时间飞逝,5年过去了。皮尔·卡丹的服装设计水平和制作技术又有了很大的进步,他在当地非常受欢迎,找他做衣服的人络绎不绝。但是,皮尔·卡丹并没有被眼前的这点儿成就冲昏头脑。他的心并不因此而满足,他一心想着的是去巴黎,在那个充满神奇色彩的大都市里实现自己的梦想。

这种想法萦绕在他心中,使他夜不能眠,所以,年轻的皮尔·卡丹心情十分沉重。

一天,皮尔·卡丹闷闷不乐地来到当地一家小酒吧,在一个角落里独自喝闷酒。这时,一位神态高雅的老妇人向他走来。

这位老妇人是伯爵夫人,原来住在巴黎,家境破落后被迫迁居到维希。伯爵夫人主动与眼前萎靡不振的卡丹搭讪,皮尔·卡丹便将自己的身世和梦想告诉了伯爵夫人。

原来,伯爵夫人对皮尔·卡丹那身十分时髦的衣着很感兴趣。当她了解到皮尔·卡丹身上穿的衣服竟是他自己亲手设计和制作的时,便情不自禁地惊叹道:"孩子,你一定会成为一位百万富翁,这是命运注定的!"说完,便把她在巴黎的好友、巴黎帕坎女式时装店经理的姓名和住址写给了皮尔·卡丹。

　　伯爵夫人略带神秘感的预言，就像一把火炬重新点燃了皮尔·卡丹那日渐消失的梦想，他又重新振作起来了，鼓足了生命的风帆。

　　"每个成功的伟人，似乎都有一段传奇的故事。"这句看来很荒唐的预言，竟激起了皮尔·卡丹心中的热情，他要做一只翱翔在天空的苍鹰，而不是天天待在树枝上的小麻雀。"决不能在这里生活一辈子。"

　　皮尔·卡丹决心离开这座小城，再次去巴黎闯荡。

再次去巴黎寻梦

　　1945年风雨交加的年末，皮尔·卡丹毅然辞去维希时装店的工作，奔向了他理想中的服装圣地——巴黎。

　　此时第二次世界大战已经结束，这位23岁的青年，身无分文，两手空空，从乡下只身走进繁华的巴黎。那天，天气非常寒冷，刺骨的北风呼呼地吹着，像要把他从巴黎吹回法国的乡下。

　　皮尔·卡丹在埃菲尔铁塔下不停地徘徊，想起离开维希前，那位伯爵夫人要他到巴黎后去找她的一位朋友帮忙，这人住在福布尔·圣·奥诺里大街。

　　皮尔·卡丹想去碰碰运气。他一边往前走，一边想：我要找的这个人会是什么样子，他愿意帮助我吗？更何况世事沧桑，人心不古，这人现在是否还住在这里？他会接纳我吗？皮尔·卡丹带着忧虑疑惑向伯爵夫人给的地址走去。

　　当皮尔·卡丹在爱丽舍宫对面的街上向一位过路人打听地址时，苍天不负有心人，真是巧合，这位过路人正是他要找的人。

　　皮尔·卡丹找到了帕坎女式时装店。这家时装店在巴黎很有名气，专门为一些大剧院设计和缝制戏装。

　　时装店老板是伯爵夫人的好朋友，他接待了皮尔·卡丹，并亲自对他进行了面试。皮尔·卡丹精湛的裁剪技艺征服了他，尤其是皮尔·卡丹对舞台服装深入的了解、独特的设计风格，他不敢相信这竟出自一个小地方的名不见经传的年轻人之手。皮尔·卡丹当即被留用了。

　　在这里，皮尔·卡丹开始构建起自己的"巴黎梦"，同时也把自已推上了服装设计的前沿,为日后成为举世闻名的服装设计大师奠定了深厚的基础。

由于到了日夜向往的巴黎,找到了自己满意的工作,从此,皮尔·卡丹潜心于自己心爱的工作,刻苦钻研。在帕坎时装店,他尝试了制造高级时装。

不久,幸运女神便向他伸手,一个机遇使他能为著名艺术家让·谷克多的一部先锋派影片《美女与野兽》设计剧装,皮尔·卡丹为角色设计的刺绣丝绒装一举成名,巴黎服装界引人注目的一颗新星升起了。

《美女与野兽》使皮尔·卡丹这个没有受过正规教育的人获得成功,他的成功,正如他自己所说的:"我能画图、剪裁、缝合、试样,直至销售,这完全是我勤奋好学的结果。"

随后,皮尔·卡丹又到当时法国最具权威的时装设计大师夏帕瑞丽的时装店工作了一个时期,夏帕瑞丽设计的服装风靡了整个20世纪30年代。她使当时自负的"时装女王"夏奈尔也不得不另眼相看。

夏帕瑞丽的艺术家的修养加上意大利人的热情,给当时高级时装界盛行的功能主义,注入了一股清新的气息,她使服装更具有艺术性,更具有现代美学的魅力。

《时尚》杂志将她的作品选为"本年度的毛线衫",从而使她在巴黎时装界崭露头角。至20世纪30年代初期,夏帕瑞丽的公司年利润已达1.2亿法郎,她拥有26个工厂和2000多名雇员,她的知名度和企业的扩大速度,更是令人惊赞不已。

第二次世界大战前夕,她在巴黎时装界是非常受欢迎的,她的作品被广泛复制、流传。在她那典雅的工作室里,有600个雇员为她加工和接待宾客和订货,虽然,这还不算是巴黎最大的工作室,但影响却是最大的。

皮尔·卡丹在那里工作时,得到了夏帕瑞丽的赏识,并在她那里

学到了经营方面的经验。

一次,皮尔·卡丹因为对一位非常挑剔的顾客吼了几句,夏帕瑞丽一改往日的温柔形象,像一头被惹怒的母狮,把皮尔·卡丹大骂了一通,这件事被皮尔·卡丹一直记在心里,之后时常以此来教育他手下的人。

20世纪30年代巴黎高级时装界,已有一大批杰出的设计家,如维奥内、阿丽克斯、朗万、路易斯·布朗杰、帕杜、莫利内克斯等,在1933年之前,夏奈尔在众多设计家中独占鳌头,在服装界独领风骚,成了服装界的盟主。

巴黎五光十色的服装界提高了皮尔·卡丹的鉴赏能力。皮尔·卡丹开始感受时装的魅力,并且雄心勃勃,积极准备,计划向时装界奋进。他需要不断地充实、不断地壮大,渴望有一个属于自己的空间去展示才华。

一天,当皮尔·卡丹听说被报界赞誉为最出色的时装天才、高档服装专家迪奥的设计室有空缺时,他立即前去应聘。

经过迪奥的考察后,皮尔·卡丹很幸运地成为他的助手。和迪奥一起工作对皮尔·卡丹以后的服装生涯的成功起到了不可估量的作用。

克里斯蒂恩·迪奥是20世纪最伟大的时装设计大师之一。他在第二次世界大战后成为时装界的领袖。迪奥之所以成为时髦的代名词,这是由于他最初设计系列的成功,1947年发表的"新造型"像旋风般地震撼了巴黎、美国和整个欧洲,成为20世纪最轰动的时装革新。那年他42岁。

"新造型",突出和强调了女性的柔美,一改当时妇女们穿着单调、笨拙而呆板,带着沧桑的战争痕迹和时代颜色的服装。

"新造型"的成功为迪奥赢得美国得克萨斯的尼曼·马科斯奖,那一年,迪奥专程亲自赴美参加授奖仪式。同年秋,他应邀访英,在伦敦受到英王室的热情赞扬。法国政府也同时授予他最高荣誉"荣誉军团奖"，以表彰他为战后法国高级时装业的复兴所作出的贡献。

迪奥每一次时装发布都会成为流行趋势，尽管只是些微妙的变化，也会引起西方社会的狂热追捧。法国的《巴黎观察》驻伦敦记者曾做过一段戏剧性的精彩描绘：

伦敦800万居民进入梦乡，万籁俱寂，在弗利特大街上一家权威报社的办公室里，新闻编辑们睡意蒙眬。

这时，一位新闻邮差跳下摩托，冲进《每日邮报》这座现代化大楼，将电稿交给值班总编。当总编读完目录，便高举手中稿子大叫："放头版！"这是一条来自巴黎的新闻：迪奥在今天的冬季系列中，裙子下摆不再低于膝盖线。

第二天清晨，英国公民都读到了这条特大新闻。

"新造型"震撼了巴黎，席卷了欧美；"新造型"使克里斯蒂恩·迪奥成了世界闻名的时装设计大师。

1947年，皮尔·卡丹在迪奥公司担任大衣和西服部的负责人，并参加了曾轰动巴黎的"新造型"的诞生。所谓名师出高徒，没过多久，皮尔·卡丹的设计水平又登上一个新的高峰，形成自己独特的风格，成为巴黎时装界最引人注目的新星。

皮尔·卡丹十分敬重迪奥，并且在迪奥那儿受益匪浅，在那里他学到了"高尚""大方""优雅"的服装的制作技巧，但他不甘心长期寄人篱下，内心强烈的创造欲望驱使皮尔·卡丹于1949年离开了迪奥，去构筑属于自己的王国。

独立创业获成功

1950年,皮尔·卡丹用全部的积蓄在里什庞斯街买下了"帕斯科"缝纫工厂,并租了一个铺面,独立开办属于自己的公司。

如果说,皮尔·卡丹在迪奥公司时仅仅是初露锋芒的时装设计大师的话,那么,在里什庞斯街,他则成了举世闻名的服装设计巨匠。

这一年,皮尔·卡丹首次展出了自己设计的戏剧服装和面具。

人们闻讯蜂拥而至,一件件独具创意的戏装和出神入化的面具,征服了现场所有参观者的心。行家们更是赞不绝口,称之为鬼斧神工之作。

法国高级时装业是一个限制极严、顾客有限的行业,时装公司大都是为贵妇名流等上层社会服务的,有时一个款式的衣服甚至只制作一套。

皮尔·卡丹认为,"高级时装只有面向众多的消费者才有出路。因为只有扩大消费面,才可能使它产生普遍和广泛的影响,才可能经受更为有效的考验"。

1953年,在自己的服装店里,皮尔·卡丹第一次举办个人时装展览。他设计的成套时装式样千姿百态、色彩鲜明,充满了浪漫情调,非常符合巴黎人的口味,再加上皮尔·卡丹独出心裁编排的配有音乐伴奏的时装模特表演,使他设计的时装更具诱惑力。

这批时装一上市,立即被抢购一空。有的人没有买到这批服装,便亲自到皮尔·卡丹的公司来要货。如此巨大的轰动效应使整个巴黎时装界为之震动。报纸的显眼处也都是皮尔·卡丹的名字。

甚至有些达官贵人、太太小姐们不嫌他的门面小,纷至沓来。一年后，他的第一家时装店在圣君子郊区大街正式开张了。

从此以后，皮尔·卡丹设计的各种式样、各种规格的流行成衣产品，以敢于突破传统、式样新颖、富有青春感、色彩鲜明、线条明朗、塑感强为服装设计的最大特点。他的许多时装，被推举为最创新、最美丽、最优雅的代表作。

在那一段时间里，皮尔·卡丹的这种风格引领了整个时装的潮流。

皮尔·卡丹在五光十色、群芳斗艳的巴黎凭借着自己独特的创造力，很快地打开了局面。

但是，一个独闯巴黎的穷小子，要打破传统、引领时尚可不是那么容易的。

20世纪50年代初期，巴黎的时装界被一片富丽艳亮、珠光宝气所笼罩，而时装也只是为少数贵族和富豪所服务，普通大众从不敢问津。这种情况，使得时装市场销量极其有限，出路也是越来越窄。

身在时装界的皮尔·卡丹十分清醒地洞察到这一点，他决心要出奇制胜，一举攻破这个陈旧而又坚固的堡垒。他要给法国服装界注入新的活力，让时装成为大众的东西，使更多的人能够穿上时装。

战后的法国，经济迅速复苏，大批妇女冲出家庭的樊篱，融入社会生活之中，整个欧洲的消费大增。

皮尔·卡丹敏锐地捕捉住这一机遇，毅然提出了"成衣大众化"的口号，并把设计的重点偏向一般消费者，使更多的人穿上时装。这是一个历史性的突破，不管是从社会意义上看，还是从时装本身的意义上看，这都算得上是一个创举。

皮尔·卡丹曾制作过一套白领的红大衣，卖给了美国梅西百货公司，并被大量制作，并以美国中产阶级买得起的价格出售，大获成功。皮尔·卡丹从梅西成功的这个例子，联想到若将他设计的服装大量成批出售，可能是一种成功的路子。

时隔不久，皮尔·卡丹便推出了一系列风格高雅、质料适度的成衣。而这些物美价廉的服装深受广大消费者的欢迎，皮尔·卡丹时装店天天门庭若市，那些因循守旧的同行们却恰恰相反，生意冷清，顾客寥寥无几。

"成衣大众化"在商战中是出奇制胜的妙计，也是服装界一种具有创造性的改革。

"成衣大众化"的意义远远超过了它本身的意义，它对整个社会的经济发展、消费结构都产生了深远的影响。

皮尔·卡丹的这一大胆创举，惹怒了保守而又忌妒的同行们，他们群起而攻之，说他离经叛道，有伤风化。更令人难以理解的是，他们竟联手将皮尔·卡丹逐出巴黎时装女服辛迪加。

面对世俗的偏见，同行的忌妒，皮尔·卡丹没有屈服。依然我行我素，一次又一次使出奇招妙计，攻克和占领时装世界的一个又一个阵地。

他已经学会了在逆境中抗争的本领。

正如他说："我已被人骂惯了。我的每一次创新，都被人们抨击得体无完肤。但是，骂我的人，接着就跟风做我所做的东西。"皮尔·卡丹以充分的自信和自己的才华，在商场上与那些顽固的同行奋勇拼杀。

被淘汰掉的东西永远是落后的，进步的东西是无法阻挡的，就像皮尔·卡丹设计的服装并没因为同行的排挤而在时装界消失，反而在逆境中不断发扬光大。

法国数百年的时装历史上一直都是女装的领地，从来没有男装可以跨越。似乎亚当与夏娃生活在一起的第一天，就把爱美的权利交给了夏娃，让她乔装打扮出诱人的风韵，而亚当只配用树叶兽皮来御寒遮丑。

皮尔·卡丹又一次打破常规，他继"成衣大众化"之后，又掀起了一股男性时装的旋风，在那些被女性时装长期垄断的橱窗里，开始出现充满阳刚之美的男性高级时装。

就在时装界的保守人士又一次群起而攻之时，皮尔·卡丹又将他的注意力转移到流行服装的设计上。不久，一批色彩明快、线条简洁、塑感强烈的流行服装投向市场，并一举成功。

1954年，皮尔·卡丹一举推出"泡状服"，泡状服的风靡使他从此开始跻身世界服装设计上层社会，他的设计也被同行竞相仿效。他是第二次世界大战后第一个脱离迪奥型传统束身线条服装款式，而发展变化为穿着舒适、行动自如的新型服装设计师。

皮尔·卡丹对自己的成就也有几分满意。

他说：

> 当我还在迪奥做设计师时，我便为自己立下诺言：等到自己创业之后，我的服装兴许能够穿在温莎公爵夫人身上，而同时连她的门房也有能力购买。
>
> 我在1955年向高档服装贵族化所进行的挑战，就是要我的服装从各百货公司的橱窗里走向广大群众，当时大家预言卡丹之名将变得一文不值，但事实证明我取得了成功。

皮尔·卡丹的系列童装一经问世，迅速占领了整个欧洲市场。他所设计的童装更是花样百出，极富幻想力，仿佛一幅幅童装图案就是一个个儿童神话和梦想，打破了童装市场一直保持平淡陈旧单调的形式，使落后的法国童装与高级时装一起走向世界。

在这以后，皮尔·卡丹以款式新奇、料质柔顺、做工精细的手法再次推出妇女秋季系列套装，受到年轻太太及时髦女郎的关注，又一次轰动整个巴黎。

经过这不断称奇叫绝的市场效应后，皮尔·卡丹的对手已由过去的排挤变为现在的佩服得五体投地。即便有一些人还在辱骂皮尔·卡丹，但同时他们接着就仿做皮尔·卡丹的东西。

皮尔·卡丹的男装在20世纪50年代是最出色的，他所设计的男装不仅仅停留于涉猎阶段，而是进行了真正深入的探索与开发。他提供了各式男装，如无领夹克、哥萨克领衬衫、卷边花呢帽、胸前镶皮的青年套装等。

1957年，他设计的斜纹软呢无袖套头毛衣及羔羊皮工作服、水手裤及双层式晚宴衬衫，为男士装束赢得了更大的自由。皮尔·卡丹的男装在他的设计中占绝对主导地位，其收入为女装收入的5倍，占全部营业收入的60%，然而，皮尔·卡丹的女装还是以其特有的别致样式赢得了人们更多的关注。

同一年，他第一个成功的女装设计是一种有变化的宽大长衣，背部加上松松的褶裥。1958年，他的春夏系列赴英国伦敦表演，再次受到热烈的欢迎。英国大商号贝克购下了复制专利，不久，日本皇室委托皮尔·卡丹设计婚纱。

1960年前后，皮尔·卡丹开设了两家很出名的时装零售部："亚当"和"夏娃"。前者专营男装，包括领带及束腰大衣、运动装；后者则是高级女装商店。光临的顾客不仅是那些富豪、贵族，就连法国总统夫人及英国的温莎公爵夫人等也都为之着迷。

历史的进步，社会的发展，同时使人们的意识观念也在不停地发生变化。1962年，法国巴黎时装女服辛迪加在所有会员的要求下，将皮尔·卡丹重新请回来，并请他出任行会的主席。

总统夫人的设计师

皮尔·卡丹经常说:"我要在世界树立法兰西的形象。"皮尔·卡丹走到哪里,就把法兰西带到哪里。他为法兰西在世界树立了一个完美的形象,受到人们的尊敬、赞扬和歌颂。

一次,印度前总理拉吉夫·甘地在悉尼的一家饭店下榻。在此之前甘地总是托人捎话,希望能与卡丹先生见见面。一位服装设计师能让一位古老的历史大国的领袖如是说:"这位先生我很看重,尽管我的日程表已排满,但还是可以见见面。"

最使皮尔·卡丹难忘的是为当时美国总统肯尼迪的夫人杰奎琳·肯尼迪设计服装。当时,被称呼为杰姬的杰奎琳在乔治敦医院的产妇病房里召见了皮尔·卡丹,以了解他对春装的设想,此时皮尔·卡丹早就以具备国际鉴赏力与艺术判断力而闻名于世。

当皮尔·卡丹带着一手提箱时装样式的素描抵达乔治敦医院杰奎琳·肯尼迪病房时,只见房内挂满了美国最佳时装设计师所画的素描,这并没有把皮尔·卡丹吓倒,而且这些优秀的作品在他眼里也并不是这些设计师用心设计的。

虽然这些素描是那些设计师们最好、最得意的作品,但皮尔·卡丹所提供的都是比他们的设计更为精心的全新式样,这些作品包含了他对杰奎琳·肯尼迪怎样去担当第一夫人角色的独特见解。

由于皮尔·卡丹所带来的作品都是特地为杰奎琳·肯尼迪而创作的,所以唯一令皮尔·卡丹担心的是杰奎琳·肯尼迪会不会聘请所有的时装设计师。那天,杰奎琳·肯尼迪异常动人和高兴,并且是把皮尔·卡丹作为她的老朋友而向他致意。

皮尔·卡丹的第一张素描是一件简洁的白色缎子的长夜礼服，这是皮尔·卡丹为她参加总统就职典礼的庆祝舞会而设计的。他小心地观察杰奎琳的反应，而总统夫人看到后立即发自内心地说："完全满意。"

接着，皮尔·卡丹对这件服装做了较详细的描述：

最重要的是织物的质地，一种华丽的瑞士双料缎子，其线条非常端庄，给人一种洁白无瑕的感觉，而且，织物的稀贵和缎子的华美令人难忘。

皮尔·卡丹还告诉她关于她的服饰将发出什么样的信息——简洁、有朝气而又端庄优雅。

20世纪60年代是美国历史上最为开放的时代，嬉皮士运动、"甲壳虫"、音乐……人们追求新生活的浪潮已蔚然成风。

第一夫人杰奎琳·肯尼迪完全明白皮尔·卡丹传递给她的信息，她开始激动地谈到需要在白宫制造一种崭新的气氛。她要将白宫变为全国尊重礼仪和尊重知识的地方，同时还要邀请全世界最伟大的作家、艺术家和音乐家来到白宫做客。

皮尔·卡丹向肯尼迪夫人出示了其余几张图样，并特别建议她在总统就职典礼上穿纯料子大衣配无边圆帽。

他说："夫人，您看，在场的其他女性一定都穿着毛皮大衣，而您的穿着与众不同，这件大衣将突出您的年轻。"

杰奎琳对皮尔·卡丹设计的式样，给予极大的赞扬，她一连说了4次"很好"，最后还真诚地说道："我已经下了决心，你就是我所需要的服装设计师。"

皮尔·卡丹说："可是必须是唯一的，我才愿意接受此任。"

她问道："你能单独完成吗？我要好多好多服装呢！"

皮尔·卡丹说："当然能。"

皮尔·卡丹在那个时候才开始意识到这是一项艰巨的任务。要付出的代价无疑是昂贵的，但荣誉和挑战深深地吸引了他，也将为第一夫人设计服装作为单独的任务，全力以赴地投身其中。

肯尼迪还曾这样告诉皮尔·卡丹："根本不必担心钱的问题，年底我一张总账单就行了，我会付款的。"并要求皮尔·卡丹对于总数目持谨慎态度。"因为这可能被别人用来从政治上攻击总统，而我已经是总统了。"

皮尔·卡丹离开医院后，汽车把他送到乔治敦的肯尼迪家中。新任总统很高兴，他向皮尔·卡丹问道："卡丹，和杰奎琳谈得如何？"

皮尔·卡丹回答说："总统，您好，她要求我为她设计所有服装。"

皮尔·卡丹把最初两三周时间称之为"忙乱阶段"。那时，总统夫人整天来函来电催促。皮尔·卡丹按照杰奎琳·肯尼迪的要求迅速拿出服装来的压力的确很大。

当总统就职典礼的场面真正到来的时候，总统夫人这件浅黄色的全毛哔叽大衣配上黑貂皮大衣领和手套，再配上无边女帽，立刻吸引了无数人的目光！

从此著名的"杰奎琳式样"在服装市场上主导了新的潮流，皮尔·卡丹的大衣就像雨后春笋似的挂满了各时装店的每个货架，连杰奎琳式无边女帽也随之广泛流行。同时新闻界也爆发了一场报道杰奎琳·肯尼迪的热潮。

第一年皮尔·卡丹提供了100套的服装，在肯尼迪的总统任期内总共拿出了大约300套。

皮尔·卡丹常常处在赶制服装之中，例如，肯尼迪在和赫鲁晓夫举行美苏首脑会议期间，皮尔·卡丹通过"空军1号"专机向法国和维也纳赶运10套服装。在一次暴风雪中皮尔·卡丹亲自赶办，把装满12大箱第一夫人的服装，用出租车从华盛顿的联合机场送到白宫。

他们在工作上联系的方式是由杰奎琳·肯尼迪向皮尔·卡丹提出所需服装的清单，例如3件白天穿的亚麻布或丝绸外套，或夹克衫，或3件舞后服装，丝绸配以黑圆点花纹的草帽。然后再通过电话讨论一些设想。

此后，皮尔·卡丹就着手搞出设计图样和织物样品。杰奎琳每次定制10件，这些都是在皮尔·卡丹纽约设计室创作的，并由一位模特试穿。然后，他的助理凯·麦克高温就把样品拿到华盛顿进行最后试穿。

由于工作上的联系，也增进了皮尔·卡丹和杰奎琳·肯尼迪的友谊。杰奎琳·肯尼迪十分珍惜皮尔·卡丹同她的工作关系，更珍惜她同皮尔·卡丹之间的友谊。

当杰奎琳出访印度和巴基斯坦时，肯尼迪夫人特地向皮尔·卡丹发出贺信："我要告诉你的是：你设计的服装真是没话可说的，太好了！我非常喜欢它们，那件白外套可爱极了，的确是一件杰作。"

随着皮尔·卡丹与肯尼迪夫妇的关系日益密切，皮尔·卡丹在他们心目中的地位也日益巩固，这也为皮尔·卡丹能及时促使肯尼迪总统允许其妻子在服装式样上进行新的突破。

有一次皮尔·卡丹为杰奎琳·肯尼迪设计了一件单肩晚礼服，虽杰奎琳见到后赞不绝口，但她却认为自己不能穿。她告诉皮尔·卡丹："你必须与总统谈谈这种式样。我并不认为他会允许我在照片上裸露出一个肩膀。这可能太过头了。"

为此，皮尔·卡丹专门去拜访了肯尼迪总统，并告诉他关于从历史到今天服饰所起的作用。他说："在古时，常常是皇后或最高女祭司确定服装式样，她应该走前一步，才能受到臣民的称赞，这是她的一项社会职能。您应该知道肯尼迪夫人在这方面对您有多么重要的意义。在这种特殊情况下，我并不倡导野蛮或者轻浮，真的，这种式样看上去像是3000多年前的。古埃及还认为这种服装是保守的哩！"

肯尼迪总统听后笑了，他点点头，说："好，卡丹，你胜利了。"

有了第一次突破，第一夫人和皮尔·卡丹使肯尼迪总统走得更远，总统允许她双肩袒露，一件粉红色和白色相间的服装配上披肩。这一身打扮在法国爱丽舍宫中受到了赞赏。

皮尔·卡丹和肯尼迪总统的关系十分融洽宽松，经常就许多方面的问题进行长谈。

肯尼迪总统喜欢对皮尔·卡丹的服装设计发表评论——而皮尔·卡丹则常常寻找某种方式给他对服装发表评论的机会，例如皮尔·卡丹特意脚穿大红袜和天鹅绒拖鞋，下身为法兰绒裤子，上身着丝绸衬衫和大红领带，外套是蓝色运动服，让他见了评论一番。

皮尔·卡丹还鼓励肯尼迪总统在穿着方面应该更富有创新精神，而总统对此也是欣然接受。

皮尔·卡丹告诉他："总统先生，这个世纪在时装领域内只有一位真正的男子汉，那就是温莎公爵。您可能是第二位。我能使您成为在世界时装方面如同杰奎琳一样重要的人物。"

肯尼迪总统对此很感兴趣，还有些好奇。如果不是肯尼迪被刺杀，那么，在这个时装领域内他可能会有某些重要的贡献，因为皮尔·卡丹已开始使他朝着这个方向发展了。

名人们的"衣"恋

英国女首相撒切尔夫人曾私下说过：她对皮尔·卡丹有一种天父般的感觉。

撒切尔夫人对时装一向有着非常浓厚的兴趣，这也是她与皮尔·卡丹结下深厚情谊的一个原因，因为撒切尔夫人认为衣着美观整齐，能使人看了便有了赏心悦目之感。而且，这也能促进服装业的发展。

撒切尔夫人的母亲曾当过服装师，她是个地道的专业技师。所以，撒切尔夫人从小就懂得裁剪的重要性，并学会如何裁制服装。结婚之后，孩子的部分衣服就是由撒切尔夫人自己缝制的。

她爱看《时尚》杂志。当她目睹皮尔·卡丹这样的第一流服装师制作的衣服样品时，才真正领悟裁剪技术的真谛。当大家在欣赏时装时，可能会有同感，喜欢能显示确切的式样，衣服的前胸与后背样子能一目了然。

此外，撒切尔夫人还要看看身上衣服处于动态时又是何等模样。在选购衣服的过程中，撒切尔夫人不是直愣愣地站在镜子前，而要来回走动几步，观察一下衣服如何摆动，是否匀称得体，对于式样、衬料、装饰配件的组合等撒切尔夫人尤为注意，因为一件做工精良的外套包含着别具匠心的技巧。

令撒切尔夫人记忆犹新的一句话是："时装业只有为消费者的需求服务才能生存。"这也是皮尔·卡丹常说的。

时装业需要大量资金，因此，办时装业真是大生意。有这种可能，即人数不多的企业可以用现代技术生产出更多的产品，但时装业仍将保持其劳动密集型企业的特点。

例如服装设计、面料加工、经营买卖等，只得靠人工而不能靠机器。所以撒切尔夫人非常明白皮尔·卡丹在服装生产方面作出的巨大贡献。

撒切尔夫人是推动服装业的第一位政府首脑，只要有利于推动英国时装业的事，撒切尔夫人都尽力为之。

现在，英国已成立了英国时装理事会，并通过承办"英国时装周"来助上一臂之力。另外，还成立了英国海外时装贸易协会，目的是把英国的时装工业推向海外。撒切尔夫人对高雅的服饰一直非常感兴趣，即便是不知道皮尔·卡丹，尽管时装广告令人生厌，但这无关紧要，只要服装生意购销两旺，就不予计较。

撒切尔夫人后来在观念上有所改变是因为皮尔·卡丹时常讲一些关于时装艺术方面的理论，这使她得益甚多。

俗话讲，人靠衣装佛靠金装，特别是一位常在公众面前抛头露面的妇女来说，无论她是行政官员、律师或企业家，她的衣着打扮往往与她个人的气质息息相关。这就是她们在社会生活中常爱穿比较高档和"端庄素雅"的服装的缘故。

因为一个人的服饰往往衬托出个人的气质，所以，衣着漂亮整齐的女子绝不会给人以浮夸失态的印象，人们往往根据她的仪表获得对她的初步印象。平时仪表看来似乎无伤大雅，但是你若出现在国外并且代表国家就事关重大了。撒切尔夫人在国外遇到其他国家的女部长们时，发现她们的穿着方式几乎是不约而同的。

皮尔·卡丹每年都会为撒切尔夫人制作一两套时装。其中，肩膀的尺寸略微放宽，袖子顶端的式样也较前注重。这是撒切尔夫人在时装方面所做的仅有的一点让步。

撒切尔夫人在出席一些重大场合活动时，在服装穿着上会征求皮尔·卡丹的意见，而皮尔·卡丹的建议每次都会得到撒切尔夫人的认可。

例如有一次，她向美国国会发表演说，选了一套浅色的羊毛衫。当她前往北京签署《中英两国关于香港回归协议》时，正逢北京大雪纷飞。于是，皮尔·卡丹建议她穿了一套黑色冬装。

皮尔·卡丹曾仔细观察那些衣着整齐漂亮的女子，发现了佩戴装饰件的重要。当穿上一件平淡无奇的女服或外套时，若能再佩戴上这些珍珠，就显得气度不凡。珍珠看来是为老年妇女服务的，还可使她们的皮肤增色生辉。于是他建议撒切尔夫人戴珍珠耳环。

撒切尔夫人对服装的要求已不宜于像年轻姑娘那样追求新颖时髦，而是应着眼于符合审美感，雅致大方，要在穿戴方面形成自己的风格。

皮尔·卡丹时常对撒切尔夫人说："既要勇于放弃你所喜爱的但与你年龄不相称的服装，也要勇于穿可能引起别人议论的服装。"

在时装方面，皮尔·卡丹在影响撒切尔夫人的同时也深受撒切尔夫人的启示，例如时下流行的夹克衫配裙裤，就是撒切尔夫人依据皮尔·卡丹的一套时装改制成功的。

在英国，人们总是把皮尔·卡丹与撒切尔夫人同时列出来，讨论对时装的推动作用，所以可以这样说，皮尔·卡丹不仅影响了撒切尔夫人，同时也影响了英国的时装界。

皮尔·卡丹的时装不仅在铁娘子的心里扎了根，同时法国著名歌唱家米海依·马蒂厄也为之疯狂。出生在法国南部地中海边的阿维尼翁市的米海依·马蒂厄在她成为明星的同时，也深深地迷恋上了皮尔·卡丹的时装。

她认为皮尔·卡丹的时装所展现的精神和风格，正是她的歌声所要追求和企盼的目标。在经过几番周折之后，米海依终于见到了这位已享誉世界的服装大师，更被这位服装大师精彩绝伦、生动而又富于哲理的谈话所折服。

皮尔·卡丹也被这位富于朝气和青春活力的年轻歌手所吸引，但他更像是一位年长的父亲,他常常和米海依探讨服装的发展,并常常为米海依设计各类服装。

为此两人结下了深厚的友谊,每当米海依穿着皮尔·卡丹为她设计的服装在舞台上不断地获得成功时,米海依自己也无法分清,深深打动观众心的是自己的歌声,还是皮尔·卡丹的服装。

随着米海依与皮尔·卡丹友谊的日益加深,米海依的声誉也日渐高涨,她应美国哥伦比亚广播电视公司特邀,参加"歌曲集锦"节目的演出。这是收视率较高的专题之一,大约有5000万电视观众在收看。

皮尔·卡丹为米海依参加这次节目演出专门设计的红色直筒连衣裙吸引了无数观众的眼球,当她的声音扬起回荡时,所有的人都聚精会神地听,甚至连电视台的工作人员都欣喜若狂,他们惊叹道:"水银灯下真是新事物层出不穷!有如此美妙的歌,更有如此美妙的服装。"

两周以后,这位阿维尼翁小姐使全美洲为之疯狂,为之倾倒。她惊喜地向远在巴黎的皮尔·卡丹打来电话,激动地说:"你能相信吗,你的服装让我征服了美洲大陆,他们与其说是听我的演唱,倒不如说是迷上了你设计的服装。"

1967年至1978年6月,米海依应邀前往西德、美国、加拿大、比利时、瑞士、伊朗、英国、苏联、日本等地演出。

米海依每次演出回国后,都会立即去拜见皮尔·卡丹,而他们就像久别的亲人,有说不完道不尽的事情。

打造卡丹王国

我最大的梦想是能在月球上开一家皮尔·卡丹分店。

——皮尔·卡丹

创造出卡丹风格

与其说皮尔·卡丹20世纪60年代的成功是因为让时装平民化，还不如说是因为他创造出了自己的风格。

皮尔·卡丹认为："服装本身的作用，应该在于反映穿着者的个性与气质，所以其他装饰品尽可能该减则减，该省则省，甚至不需要。"

最令他难以忍受的是女人身上珠光宝气。"就好比把自己所有家产银行户头存款单全吊在脖子上，俗不可耐。"他说。

布料本是无生命的，但在皮尔·卡丹的手上，它却会变得流畅自然，能有力地衬托出服装造型设计上自由散发的色彩与线条。他是个善于审时度势的人，他曾经利用当时欧美年青一代"解放自我，追求自我"的强烈欲望与要求，果敢地发动一场服装上的"大革命"，掀起服装改革的新潮流。

皮尔·卡丹总是紧紧抓住现代科学技术的进步并适时做出回应，并在他的服装设计上表现出来。他对时代节奏、未来造型的探索也十分敏锐和执着。他的女装造型抽象、概括，擅长使用各种几何形体，各种独特的耸肩、褶裥，犹如现代雕塑一般。

20世纪五六十年代，人类迈开探索宇宙空间的步伐，当苏联宇航员加加林步入太空，将人类的想象带入宇宙时代的同时，像世纪初的时装大师保罗·波烈对俄国芭蕾着迷那样，皮尔·卡丹的思维也仿佛进入了太空轨道。

1964年，皮尔·卡丹的时装系列直指月球，竟然比宇航员抢先"到达"了宇宙空间。他吸收了宇航员的头盔、皮长靴和迷你裙的下摆，创造了铠甲式的针织"宇宙装"，给时装界带来了一种前所未有的新感觉。

如果说当时走红的英国女士玛丽·奎恩特的设计带有嬉皮士的哲理，法国的古海热具有表现主义或现代主义意味的话，那么，皮尔·卡丹的设计更具有科学时代的性质。

20世纪60年代皮尔·卡丹已进入"不惑之年"，但他因勇于探索，一直被人们视为先锋派的代表人物。

皮尔·卡丹的设计与20世纪60年代青年反叛的狂飙趋于同步。皮尔·卡丹认为许多设计之所以失败，是由于服装性别上的生硬割裂或交换造成的，他抓住这一点，创造出没有明显性别特征的服装，并被随便命名为"无性别"时装，而这却又使他声誉鹊起。

大胆突破，不断创新，始终是他设计思想的中心，其手法则无所不用其极。皮尔·卡丹女裙开衩极高，领子设计也是极大极宽。我们可以从他那些稀奇古怪的领式上看出，他掌握了面料的性能和结构的技术处理，如一种大G形领子，无论是造型还是工艺技术，无不令人赞叹不已。

在他的服装设计上，你能感受到一种建筑造型的美感。仿佛是著名建筑师格罗斯佩斯在服装界的再生。皮尔·卡丹十分重视并强调服装造型线或外轮廓线，常以圆形或矩形取胜。

皮尔·卡丹被时装界誉为挂式大衣的先驱，其特点是在宽大简洁的造型里，独具匠心地运用了多种打褶方法，有人说，他在褶裥方面运用了令人眼花缭乱的全部音阶。

他长于任何可能的褶裥，或旋绕成锥形的领口，或形成放射状的夹克，创造出独特的凹槽或弹夹式褶裥，以及个性鲜明的褶裥孕妇服，都令人叫绝。

皮尔·卡丹的精湛技术和艺术的修养，使人体美丽曲线与服装的流畅线条融为一体，同时使面料特质与流动的褶、裥、绉也巧妙地结合在一起。

20世纪70年代的皮尔·卡丹，设计仍然保留着他精致线条的特点，除了杰出的夹克、大衣、缎子礼服外，他设计的长及小腿的中庸裙也受欢迎，尤其是在美国市场上。他的特长大衣与迷你裙相结合的系列，更是大受西方世界瞬息万变的顾客们的欢迎。

皮尔·卡丹善用鲜艳强烈的大红、中黄、蓝绿、钴蓝和紫色，其纯度、明度、彩度都格外饱和，他用色强烈，给人以健康之感，同时也引起人们的争议，有人对此赞不绝口，也有人对此嗤之以鼻，尽管如此强烈的色彩加上独特的造型，更突出了现代雕塑感。

皮尔·卡丹对此曾这样描述：

我创作时，最重视色彩，因为色彩很远就可被人看到。其次才是式样，我喜欢用纯净的线条。

这也正是皮尔·卡丹的独到之处。

而这个时期的皮尔·卡丹也在时装事业上达到顶峰状态。1970年，皮尔·卡丹开设了"卡丹世界"，并创建了内装修美术馆。1971年，皮尔·卡丹因对服装表演界贡献卓越而获意大利"奥斯卡奖"。

皮尔·卡丹以自己独具匠心的创意，一直推动着服装界的发展。并且他的"服装真诚向群众"主义，间接导致以往靠少数富人领导衣着流行的倾向，被广大的青年群众所代替。

在服装领域，皮尔·卡丹是20世纪80年代崛起的国际服装设计师的精神导师，如蒙达那、高奇悦等后起之秀，更是从皮尔·卡丹那儿学到挑战性与制造突破感。高奇悦曾说："我从皮尔·卡丹那儿学来了椅子可当帽子戴。"

皮尔·卡丹从不否认他不断给予大众的惊奇感是他在服装界成功的主要因素。他更不隐瞒自己的观点：

领导时装靠创作，我的创作就是在"唐突"大众。

事实上，任何划时代的创作都会令人感到唐突，因新的东西创作指向未来。一项成功的服装创作，需要6年才能使它被大众习惯、接受而流行于大街小巷。

他还这样说："一个服装设计师不应该只领导设计漂亮的衣服，他必须使他的创作令人感到惊奇。一般人一时的反应可能无法接受，甚至感到厌恶，但设计师已为自己树立起新的风格了。"

他说："衣着款式有无品位，与服装设计的创造性毫无关系。不要去在乎社会上已定了型的服装样式，更不要去理会保守派服装评论家的一味否定与众不同的新创作，一个服装设计家应该超越这些束缚。因为到最后优秀的创意一定会战胜时间的挑战，终于被大众所接受。"

皮尔·卡丹虽然单指的是服装一种，可其中的意义与内涵完全超越了服装界本身。这些早被服装设计家所接受的精辟的理论与见地，同样适用于哲学家、文学家、画家、音乐家及建筑家等。

皮尔·卡丹的创意源源不断，而又如此自信，其中自有道理。他说他喜欢在夜深人静时，闭上眼睛创作："在无尽的黑夜中，我先想出一些立体线条，一些活跃在空间的抽象图形：圆的、方的、三角的……我再开灯，用笔把它们画下来，继续想等待造型决定后，才把模特儿的轮廓套进设计好的服装造型中，就好像将花插入花瓶里一样。"

"我的创作就好比花瓶设计，而女人就是流体的水，流在我设计的模子里，随着花瓶的形状变化，而塑造出她的线条、她的造型。"

各行各业，都有自己的一套行头，想要永远领导潮流，机会更是渺茫，特别是在花样翻新、变幻无穷的时装界，皮尔·卡丹能领导20世纪60年代世界时装潮流，这已经是世界服装史上的奇迹。

造型现代是皮尔·卡丹时装设计的一个显著特点。他的服装造型常常是抽象的，包括服饰构件和服饰纹样，所以他始终被誉为法国时装的"先锋派"。

1973年的"中国热潮"里，他利用了中国建筑的飞檐的立意而创作出肩部高耸的女装。当皮尔·卡丹1978年第一次来华，在故宫游览时，他被这宏伟古老的建筑物惊呆了，他深深地折服于中国古代文化，并从建筑中获得了创作的灵感。

对于化纤面料的新成果，也往往捷足先登，使他的服装特具挺直和色泽鲜艳。与此同时，前卫艺术家皮尔·卡丹也付出相应的代价，由于他超乎常人的敏锐审美意识和洞察力，往往遭到冷遇，正如评论家常说的，"卡丹的时机选择得很糟糕。虽然他常常率先推出最新款式，但其被顾客接受的程度却往往令人失望。"

同时，当人们回顾他的作品时就会佩服其超前预见性，例如，1962年他设计宽边领带，曾被人们定格为是"不高尚"的，然而在数年后，竟卖出了120万条。又如，他在1966年推出的格子呢围裙和马球运动衫直至20世纪70年代才在市面上流行。

皮尔·卡丹的超前的设计使他不易在当时被接受，只有人们在反应过来之后才会对他进行重新认识，所以这类现象的出现是皮尔·卡丹服装设计的必然结果。

不管他的设计如何赋予现代抽象概念，不管他是多么的前卫，但他并没有像以后的日本著名服装设计师三宅一生、高田贤三，以及英国时装设计师韦斯特伍德走得那么远，他设计的基本原则仍是发扬高级时装的传统精神，高雅、优美、富有女性美。

他这种传统精神的继承，是与迪奥的师承关系分不开的。在他的作品中不仅能找到迪奥的遗风，也有他年轻时曾崇拜过的大师巴伦夏卡工作室的特点。就像评论家说的："卡丹是唯一懂得现代派高雅的人。"

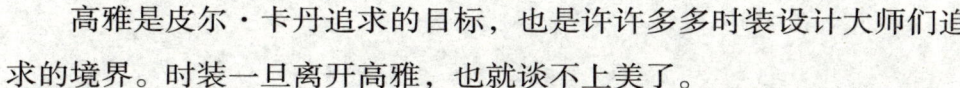

高雅是皮尔·卡丹追求的目标，也是许许多多时装设计大师们追求的境界。时装一旦离开高雅，也就谈不上美了。

提及卡丹风格，人们不免想起他那位同样有着蓝绿瞳仁的意大利同乡乔治·阿玛尼。人们说，夏奈尔意味着20世纪20年代；迪奥代表了20世纪50年代；奎恩特显示着20世纪60年代，那么，阿玛尼就象征着20世纪80年代。

但曾荣获尼曼·马科斯奖和克·沙克男装奖的阿玛尼说："对我设计影响很大的是皮尔·卡丹的便装、职业女装和运动装，它看上去很简单，但当时的欧洲却没有。"

1974年12月，皮尔·卡丹登上了美国《时代》杂志的封面，该杂志对他的评论是："本世纪欧洲最成功的设计师。"

1975年，皮尔·卡丹在巴黎开办了设计时装店。

1976年，他被意大利共和国授予"特等功勋"奖章。

收戈比·维尼为徒

除了服装设计师乔治·阿玛尼，戈比·维尼也是皮尔·卡丹的同乡，这位小同乡稍懂得一点服装艺术时就对皮尔·卡丹极为崇拜，他从小有一个心愿，那就是能有一天师从皮尔·卡丹。

但是这样一位声名显赫的大师级人物能这么容易接近吗？戈比·维尼也说不准，但是他太想实现这个愿望了。

为了寻找一个接近大师的机会，戈比·维尼几乎想尽了各种办法。这天，他终于有了一个机会，事情缘起于一位苏联名模，是这位名模把他推荐给了皮尔·卡丹。

这位名模在皮尔·卡丹手下工作多年，与皮尔·卡丹私人感情很好。于是戈比·维尼费尽心机地认识这位名模，引起她的注意，博得她的好感。戈比·维尼对艺术的追求和对皮尔·卡丹的崇拜深深地打动了这位苏联姑娘，她乐于为戈比·维尼当一块敲门砖。由于她的出面，皮尔·卡丹决定对戈比·维尼进行考察。

当时戈比·维尼远在美国，卡丹就让他写一篇文章，讨论当时美国春夏服装的款式，考察一下戈比·维尼对时装的感悟力。

对戈比·维尼来说，这无疑是一线生机，他绝不能错过，于是他全力以赴，用了两天两夜时间完成了作业，并马上寄给了皮尔·卡丹。后来，这篇文章被登在《巴黎时装报》上面，引为经典文章。

戈比·维尼的文章是这样的：

美国各服装商店春、夏服装展览的一项指导原则就是多样性。新近生产的中式衣衫、夹克衫等均有新的变化，通常由亚麻布制作,亚麻布是今年春暖季节织物"明星",顾客们并不在意它会起皱褶。由于美国服装设计师对式样的要求是"不复杂而又大方",因此无饰边的服装广为流行。

春夏女服和套服均大量供应,最引人注目的是中式衬衫,它已一改从前那种宽松下垂的外观,呈现出细长形。女服样式变化各异,有的配有白色的大领,有的背部骨要呈皱褶状,有附带的女服,多数的彩带都是系于腰下部的。

展出的多数入场服装都色彩绚丽,既有鲜艳明快的色彩,也有异乎寻常淡而柔和的颜色。3件和4件一套的内衣的情况也是如此。亚麻布衣服外面罩一件围裙式束腰外衣。这就是一家时装店挑选的新套服。

这样的见解深深地打动了皮尔·卡丹,他觉得戈比有设计时装的天赋,是一块可塑之才,不能让他埋没。于是皮尔·卡丹亲自到飞机场为戈比·维尼订了飞机票,让他到巴黎来。

戈比·维尼接到皮尔·卡丹的邀请信,激动得整晚都睡不着觉,他似乎看到成功在向他招手,他第二天便开始收拾行装,飞到了巴黎。

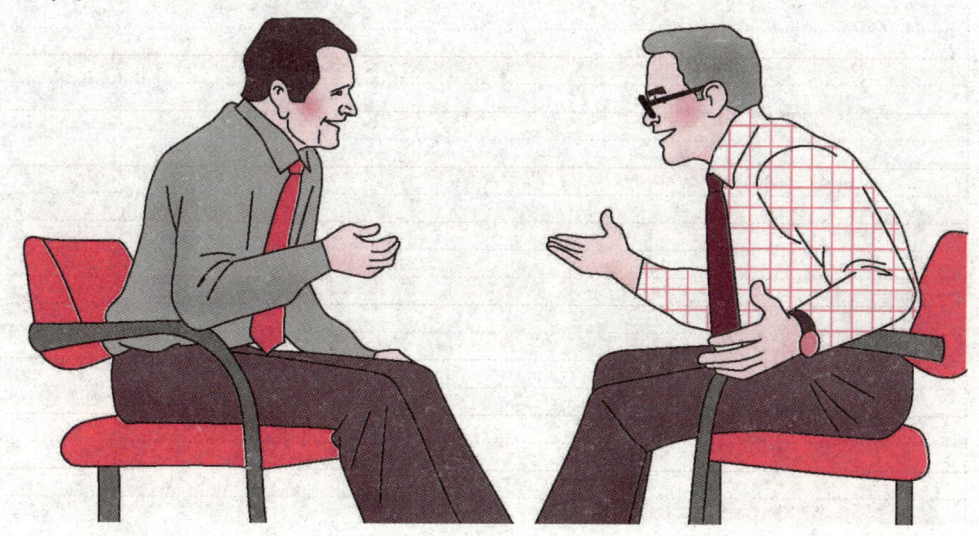

到达那里后，他并没有径直去见皮尔·卡丹，而是去会见了那位苏联名模，向她表示感谢。

第二天，他登门拜访了皮尔·卡丹，两个人在办公室里，谈了整整一个下午，这一个下午对戈比·维尼来说，无疑是有重大意义的，也正是从这一天开始，他真正步入了这块天地。在戈比·维尼的自传中，有这天下午的谈话记录。

当天才遇到名师，将会擦出怎样的智慧火花？以下就是戈比·维尼后来整理的他与皮尔·卡丹的谈话：

卡丹：时装式样变化无常已经成为日常闲谈的话题，大概因为设计师们的丰富想象力就是这样变幻莫测的吧？

戈比：服装上任何较大的改变都要受到时代要求和社会的制约，并非某一个人随心所欲所致。设计师只不过是做些更为细致的修改，比如把紧身连衣裙改为宽款式等。而那些已经成为传统的款式，就无须改动。为了在传统中注入新生命，只要改变其颜色和料子就行了。

卡丹：从短裙到超长裙的大转变是由什么引起的？短裙在西方是由工厂主发起的，因为他们对生产连袜裤替代较为便宜的长筒袜感兴趣，而超长裙则是纺织商发起的，是真的吗？为什么短裙风行长久，而超长裙仅仅流行了一年？

戈比：短裙是我们时代生活节奏快的反映，它对妇女说来似乎在延长其青春。因为短裙总会使人联想到少女与女孩。这就是短裙经久不衰的秘密。遗憾的是，有些年龄和体形都不适合穿短裙的人，也穿上了短裙装，时装的声誉受到了损害。于是设计师们推出了超长裙。超长裙是被迫问世的，只持续了一年，就被中长裙所替代。后来就向较为雅致和舒适的传统长裙过渡了。

卡丹：让我们顺便也来谈谈男子的时装，如领带和上衣，是不是像人们所说，这些已经过时了？

戈比：这话是没有根据的。领带是西装的正式构件，使穿戴者具有个性色彩，有助于表现他的个性。

男式西装上衣已稳定了一个半世纪多，现在正在开始改变。首先，厚而重的上装不再受欢迎，而是时兴轻便的，使用轻、薄的半毛料和无重量的黏合垫衬制成的上装，但仍保持过去的式样。

卡丹：请谈谈妇女的服装近期将有何改变？您对妇女的穿着有何建议？

戈比：不会有大的改变。传统雅致的西装套服仍会继续发展，如严谨的英国风格配以浪漫色彩的饰件。对青年来说，最适合的是运动装。无论是礼服还是常服都要符合民间风俗习惯。青年妇女的服饰倾向于花色鲜艳，能呈现出体形美和腰身的款式。

比较柔和的色彩——淡褐黄色、咖啡色、银灰色、淡蓝色将占优势；暖色多于冷色。作为对比补充，可用极其鲜艳的绿色、红色、橙色。黑白两色仍将受欢迎，比如一件小小的黑色连衣裙配上一朵色彩鲜艳的小花。

服装首先应当合身，即应考虑到身材、肥瘦。总之，每个人都应力求适合自己的风格。

经过两轮考验，皮尔·卡丹了解了戈比·维尼，已经默认了这位弟子，并且时时加以指点，戈比·维尼由于得到了名师的帮助，在时装艺术道路上突飞猛进，最终也成为像皮尔·卡丹那样的大师级人物。

他的名字是20世纪80年代意大利的骄傲，同意大利的白松露、糕点和歌剧享有同样的声望。戈比·维尼在衣着款式的改革上引起了不小的变动，他的改革影响深远，不仅包括穿着服装的人们，而且包括穿着受他影响的服装的人们，以及在服装的观念上不知不觉地受戈比·维尼影响的人们。

戈比·维尼设计的时装与当初处于顶峰的皮尔·卡丹设计的时装风格有很多相似之处，智慧而不轻佻、优雅而不炫耀，在他设计的服装上完全得以展现。

行家都认为，把那种意大利式的在某些部位收小的男装式样移植到女装上去，是戈比·维尼的大胆创意，在以前从来没有人敢这样做过。

1975年，戈比·维尼自立门户，成立了自己的公司，无论资金还是人员，公司规模都相当小。后来随着业务的蓬勃发展，公司规模逐渐壮大，资金迅速增加，办公室迁至罗马市中心一幢房屋的底层。

戈比·维尼对其他服装设计师设计的服饰也颇感兴趣，对时装大师圣洛朗尤为尊敬。他说："圣洛朗对世界时装作出了那么大的贡献，使得妇女们更漂亮了。他打破了阻碍服装发展的旧传统观念，创造出更新颖更活泼的服装。也许，他和皮尔·卡丹一样是个天才，不过从对我的影响来看，谁也没有皮尔·卡丹那么大。"

后来戈比·维尼名扬天下，但他并没有忘记给予他无私的关怀和帮助的恩师——皮尔·卡丹，每年都要飞到巴黎去看望这位时装大师，而皮尔·卡丹也不会忘记这位优秀弟子和同乡，每次聚在一起，他们都会不停地聊天，值得注意的是，他们常常在一起探讨的并不单纯是时装艺术，还有许多业外话题，比如做人的原则、生存的意义等。毕竟是先做人才能做事。

名师出高徒，皮尔·卡丹一生性格怪异，所以弟子不多，但戈比·维尼却是他最喜欢的弟子之一，也是最成功的弟子之一，有了这样优秀的弟子，皮尔·卡丹非常自豪。

让丑小鸭变白天鹅

时装历来离不开名模,"皮尔·卡丹"品牌也是如此。在卡丹王国里,模特们在皮尔·卡丹对时装和美的艺术深厚造诣的熏陶下,不光是服饰的载体,又是品牌的文化使者。

法国著名妇女杂志《她》评论道:皮尔·卡丹,细高身形,他被视作法国时装界的一员,和他紧紧伴随的是繁荣景象。他总能让那些丑小鸭们变成白天鹅。

皮尔·卡丹说:"我偏爱服装,我为生活而创造它们,而这种生活并不存在——那是明天的世界。"

毫无疑问,皮尔·卡丹是时装界的名人,但他的性格却有些怪异,他像古莱和巴伦夏卡一样坚持遁世哲学。当人们同他谈话时,他似乎总是心不在焉,而他讲起话来,又往往以忧郁闪烁的目光盯住别人的脸,仿佛是同宇宙在对话。初次见到皮尔·卡丹的模特总是害怕同这位著名设计师难以相处。

皮尔·卡丹有时会让你觉得难相处,但那是在工作时,那是因为他一丝不苟的性格,他事必躬亲,对下属要求严格,近乎苛刻。

皮尔·卡丹这位时装界天才工作时的投入程度时常让人惊叹。他说:"我生活在工作中,我生活是为了工作。"平常他总喜欢在一间狭小的工作室里,倚着钢架和木板搭成的桌子工作。

皮尔·卡丹的生活极其简单,旅行也许是他唯一的爱好,除此之外他的生命也是寂寞的,在他辉煌而又孤独的生命里,有两个女人和他朝夕相处,共同生活,占据了他生活的很大空间。一个是她的姐姐,后来成了他的管家。

另一位是著名的电影明星让纳·摩若。他们在一起生活了许多年，但最终并未成婚。也许，正是因为强烈的事业心，才使皮尔·卡丹不得不个人生活从简。有人说，他的多种才能是一种"天赐"，也是一种"灾难"，也许他的种种长处和缺点都同这天赐或灾难有关。

与皮尔·卡丹接触最多的倒是那些时装模特儿。皮尔·卡丹常有神奇的魔力，他确实能使那些"丑小鸭"变成美丽的"白天鹅"。伊莎贝尔就是这样的一位幸运儿。

伊莎贝尔出身贫寒，她的父亲是来自塞文山的杂货小贩，母亲是奥弗涅山区的牧家女。

伊莎贝尔的童年是不幸的。5岁那年，她的母亲死于肺结核。而她那年轻而喜欢寻欢作乐的父亲到美国去寻找乐土，便把女儿留给了伯父。

尽管遭遇了不幸的童年苦难，但是"灰姑娘"依旧长成亭亭玉立的大美人。乌黑的头发，修长的身材，楚楚动人的眼睛，小而翘的鼻子和一张任性的嘴巴使她成了一个人见人爱的美丽姑娘。

此时的伊莎贝尔已不能满足现有的生活，她来到巴黎，希望能在歌坛上大展宏图。然而，当时的巴黎人才济济，作为一个外省人，要想出人头地有所作为是极其不易的，她只有整日在街头徘徊，寻找机会。

一次，伊莎贝尔看到迪奥服装公司招收模特儿的广告，她抱着试一试的心情，走进迪奥的办公室。眼前佳丽如云，伊莎贝尔简直不知所措，强烈的自卑感使她失去了勇气。她最终败下阵来。可由此，她结下了同时装模特儿的不解之缘。

这一次，当她看到皮尔·卡丹招聘模特儿时，她又报了名，而且这一次她是有备而来。尽管她在众多应聘的姑娘中并不显得出众，可皮尔·卡丹还是发现了这块未经雕琢的璞玉，他相信自己的眼光，也相信自己的能力，他下决心要将这只"丑小鸭"培养成人人羡慕的世界名模。

名师出高徒。在皮尔·卡丹的精心培育下，伊莎贝尔开始在法国时装舞台上崭露头角。

有一次，伊莎贝尔与皮尔·卡丹同去参加纽约举行的时装展示会时，伊莎贝尔一路上忧心忡忡，默默无语。皮尔·卡丹看到后一直鼓励她，认为她完全是因为参赛前的紧张。可伊莎贝尔摇摇头，说她根本不会因参加时装展示会而感到不安，在皮尔·卡丹的追问下，伊莎贝尔道出了事情的缘由。

佩特拉与伊莎贝尔是在同一所救济院长大的，感情非常好，后来伊莎贝尔还介绍她来巴黎。佩特拉来到巴黎后也做模特，但目前失业了，而且病倒了。

听完伊莎贝尔的介绍，皮尔·卡丹的又一伟大设想，就在这架飞机上酝酿开了，他立即决定雇用佩特拉。

从纽约回到巴黎，皮尔·卡丹见到了这位虽然面带病容，但仍然风姿绰约充满青春气息的佩特拉，这次见面，也成为佩特拉人生命运的一个转折点。

模特儿的人选方面，与设计师的个人爱好有着很大的关系，设计大师皮尔·卡丹就认为时装模特儿应能够赋予时装生命，展现时装风格。而现在的时装模特以年轻运动型为主，也正因为皮尔·卡丹的超前认识，佩特拉和伊莎贝尔才是他的中意人选，他要亲手把她们培养成能充分展现自己个性和特色的超级模特儿。

皮尔·卡丹特意为她们制订了严格的训练计划，除了对仪表和举止的训练外，还有内在气质和素质的培养。他要让时装模特儿把他所需要的自然美和青春美全部展现出来。

走上T型台的幸运儿会大红大紫，但这种职业的前景是有限的。在模特儿职业学校接受过训练的人，有两种选择：第一种是到时装公司去做"室内模特儿"，按月领取工资；第二种是由介绍所介绍到时装公司、杂志社、时装摄影社去当"流动模特儿"。

而这种职业的最大缺点是受到年龄的限制。当然时装式样的不断变化，同样也影响她们职业的稳定。例如，时装公司原来都喜欢体形丰满的模特儿，但后来设计出来的时装"女小伙子"却是瘦型女子风格。

佩特拉和伊莎贝尔在皮尔·卡丹的精心培育下，都已经成为红透时装界的超级模特，也正是她们赋予了卡丹服装以新的生命，使这个服装界的大师，在成功的道路上一路扬帆远航。

早年活跃在他身边的那些女模们，大都早已功成名就，享受着皮尔·卡丹带给她们的辉煌与财富，她们中有的在影视圈里展露风姿，有的成了企业家，也有雄心勃勃的女强人们，在政治舞台上开始了自己新的事业。

皮尔·卡丹麾下的一位名模，就曾任法国圣保罗市市长，每当这位女市长在公开场合讲演时，总不忘提起自己当年的老板皮尔·卡丹。那个时候皮尔·卡丹还在时装这个领地里奋斗、拼搏着。

进入制服领域

意大利的罗马城,可谓是一座历史文化名城,著名的米兰时装节,与东京时装节、巴黎时装节称为世界三大时装盛会。在这三个国家里曾涌现出不少杰出的时装设计师。

但皮尔·卡丹能够在意大利罗马展示自己的新式服装,引起万众瞩目。罗马城有很多棘手的问题需要解决,不过,有一个问题已彻底解决了:妇女警察队制服问题。妇女警察队成立已数十年,人员达600人之上。这些女警察该穿什么样的制服呢?

其实,在最初的时候觉得事情好像还挺简单。负责城市警务的罗马市政委员和女警察恩里卡·皮里一起想了一个办法。女警察恩里卡·皮里曾经经营过时装,就决定让皮里来为女警察设计一套警服。比如说,用海蓝的裙服代替长裤和制服上衣,再在胸部打几个皱褶,用以衬托女子的体形线条。

当时还议定,要请几位著名的意大利和法国的时装设计师提出各自设计的服装原型。如果哪位设计师的设计方案得到肯定,这位设计师肯定会声誉日隆。对于妇女警察队来说,可以从此一改旧貌,英姿飒爽,说不定还能赢得罗马城全体男公民的尊敬。设计方案将由市长亲自择定。

最终,他们的计划失败了。不是因为设计方案不过关,而是由于设计方案都非常好,根本无法抉择。

设计师皮尔·卡丹设计了一套笔挺的裙裤加海军蓝束带上装,还配了一件用本城官方所定的标准色,即红葡萄酒色和金黄色相间的针织套衫。这一设计很受女警察们的欢迎,报界也大为赞赏。

吉克西设计得也不错。芬迪姐妹与卡尔·拉吉费尔德合作，设计了一件非常好看的秋季羊毛大衣，还配有一件风雪披肩，这个设计也非常引人注目。其他的设计师，诸如米兰市的米拉·舍恩和罗马市的芳塔娜姐妹，也都提出了引人注目的设计式样。各种方案琳琅满目，一时让人难以决定。

所有的设计原型是在1983年7月初展出的。有关当局也做出许诺，表示要尽快抉择。然后将所有的设计方案在女警察中进行了民意测验。

最终在圣诞假期即将开始之时，总算把决定公布于众了。他们的用意是过节的时候人们的心情好，即使落选者在这时听到结果也不会太难过，忌妒心也不会发作。

名列榜首的是皮尔·卡丹。但是，吉克西也在优胜之列。吉克西与皮尔·卡丹战成平局，皮尔·卡丹提供女警服的基本式样，吉克西负责皮件部分。设计师们决定让他们的杰作在罗马建城纪念日的那天出现在街头。

设计师都是创新者。欧洲或美国的主要设计师差不多都为轻工业或干重活的某个行当出过力，搞出一件束腰女外衣，或是彩色法兰绒运动衫，或是成套的女子工作衣裤。

奥斯卡·伦塔为美国童子军设计了队服；霍尔斯顿为布兰尼夫和阿维斯的雇员设计了工作服；拉尔夫·劳伦为环球航空公司的机组以及地面勤务人员设计了专门服装，而三宅一生设计的工作服或制服则遍及日本劳动大军，从资生堂、可口可乐瓶子工厂和索尼公司的雇员到陆上自卫队的铜管乐队队员。乔治·阿玛尼和贾恩尼·弗塞斯两位甚至已给意大利陆军的女兵设计了军服，尽管意大利议会迄今尚未决定建立这支女兵队伍。

皮尔·卡丹的服装设计开始向制服设计方面拓展，他又为巴黎市政厅的接待人员设计了制服。

他还替纽约重新改组的考夫曼·阿斯特里亚电影制片公司设计长袍式工作服。这就是布拉斯设计方案，布拉斯使全体经营人员的精神面貌大为改观。

制片公司的维修工一律穿上斜纹棉质布工装裤；女经营人员身穿运动夹克衣和连衫裙；男经营人员则穿铁灰色法兰绒西裤和藏青色运动夹克，戴一条与衣服颜色相匹配的领带，领带上缀一个代表公司名称的字母"K"。

有人对此评论说："花不起大钱买衣服的女职工一早醒来很可能因为没有合适的衣服穿而闷闷不乐。这样，她们就不用为衣着发愁了。"

一套布拉斯设计的漂亮工作服，能使职工干起活轻松自如，这也许有些夸大其词。

早在1942年，海军当局别出心裁，他们希望把属下的女兵打扮得时髦一点，而不是像陆军的女兵一样穿上由男式服装裁缝们制作的又厚又重的军上衣，看上去全无一点女性的娇媚色彩，因此曾向时髦女装设计大师皮尔·卡丹求助。

皮尔·卡丹以其特有的创新思维，结合海军的特点，创作了一系列式样潇洒又颇有实用价值的服饰，深受海军女兵的欢迎。而尤其引人注目的是一套裁剪得体、上身较短的深色制服和卷边的军帽。

在皮尔·卡丹时髦女服商店，为主顾设计缝制各种制服这一项占了全年总营业额的80%。仅1994年一年，这家公司为25家客户缝制了65000套制服。

然而，对大多数设计师来说，其所以愿意搞制服设计，与其说他们是为了追求高额报酬，倒不如说各界的褒扬与喜爱让他们颇有成就感。

皮尔·卡丹说："干这事主要是出于兴趣，而不单是为了赚钱。"只有当设计师们既管设计又负责缝制成衣时，才能谈得上可获得大宗经济收益。

有的设计师承认设计制服可以替设计师带来"威望和地位"方面的好处，但同时也担心设计制服会扼杀了设计师自己的独特创造性。

除了制服的设计之外，一个时装设计的新领域——教士服饰正方兴未艾。让牧师穿上设计师设计的坎肩，能使信徒们会觉得像个笑话而对此不屑一顾，还是反而能起到提高神职人员的干劲并扩大神职人员影响的作用？这还有待研究考证。

不过，世界总是不乏梦想者的。参加过上述女子警服设计竞赛而最终落选的设计师比亚吉奥蒂就打算替修女设计一件袍子，用宽大松散的衣服配上黑白相间的皱褶，让修女们也具有时代的气息。

皮尔·卡丹为罗马城的女警们设计的服装，到现在，她们仍在穿着。不过皮尔·卡丹打算为她们再重新设计一套警服，大家都在热切期盼着皮尔·卡丹的新创作。

服装博览会获殊荣

1995年法国国际服装服饰博览会又在巴黎拉开帷幕。

博览会的展览活动历来是重头戏，1995年更不例外。1995年2月1日，组委会展览负责人于勒在巴黎亚洲大酒店宣布说，设于巴黎国际贸易中心的500多个展位已告罄。鉴于国内企业报名踊跃，现组委会正设法从国外参展企业预订的展位中进行调整。

规模不断扩大，影响面随之越来越广的博览会更是引起国外同行的注目。在此届博览会上，加拿大著名时装品牌"宝姿"率先预订了300平方米的展位，意在前两年拓展法国市场的基础上再发动一次强大的攻势，力求在进军法国市场的国际品牌中先抢占有利地位。

在法国市场默默耕耘了50年的皮尔·卡丹此次更是准备以"50年情结"为主题再现辉煌，与此同时，皮尔·卡丹的所有本国代理一起在博览会上亮相，与许多国外品牌相比，皮尔·卡丹在法国的地位更加巩固。

除主动要求参展的品牌外，组委会还将出巨资邀请10家意大利著名品牌前来助兴。除举办专场表演外，组委会的另一番良苦用心是，将"师傅"请到国内同行面前，在对照中发现优势和缺陷，早日寻找到一条让更多法国品牌走向世界的坦途，此举也将成为不同于往届的一个显著特点。

第四届服装设计师大奖赛与上一届一样，当年组委会也收到了来自国内外的1130份设计稿，还是和上一届一样，组委会组织评委筛选出了36件作品作为入围作品：16份来自国内，20份来自国外。而这诸多的一样将是博览会的另一个重头戏。

诸多的一样背后也隐藏着很多的不一样,例如这一年的大赛将有来自美国、加拿大、新加坡和意大利等国的4所时装学院的院长前来观摩或担任评委。澳大利亚派一个摄制组,专门前来法国拍摄大赛的情况。自视甚高的美国人也认为这届大赛已具备了很高水准。

一年两次的流行趋势发布会可谓是博览会中资格最老的活动。早在1986年,它就成为国家级科研成果。经过法国服装设计研究中心的不懈努力,它已举办了19届。

1995年博览会期间举行的"94—95秋冬流行趋势发布会",尽管效果也许还不尽如人意,但法国服装研究设计中心上下的不懈努力却有目共睹。博览会期间的发布会将又有重大改革:邀请设计师和企业加盟,将以往简单的演示变为更实在而具体的引导。

这一年的流行趋势发布会简单地说包括两个步骤。

一是在全国范围内选拔出10名资格设计师。这10名设计师必须有较强的运作企业的经验,有很好的理解流行趋势的能力,同时又应该具备相当的实用装的设计实力,并且最好是有企业作为依托。

二是邀请一批具有相当实力的面料企业参与,参考流行趋势开发面料。10名资格设计师将在流行面料的基础上设计出流行趋势的演示作品,让一些面料企业和服装企业充当流行先锋。

法国服装界尤其是时装界意识到了流行意识的薄弱就是法国服装市场落后于国外发达服装市场的致命环节,不解决好这一个环节,法国服装的品牌战略和高附加值战略将无从谈起。流行趋势发布会如此改革,也正是为尽快树立国内服装企业和广大消费者的流行意识。

虽然设计师和企业直接加盟的流行趋势发布会有些不合乎国际惯例,但对目前的法国服装市场来说,却是一条最实用的捷径。皮尔·卡丹的成功给了法国企业家们一个启示,并树立了一个榜样。

可评奖又可获奖的场合和机会在目前的法国市场上尽管很多,但很多的企业仍是看重法国国际服装服饰博览会的40个金奖、40个银奖和 20 个商标奖，这不仅因为它是国家级奖项，更因为它还是一种公正和权威的象征。

1995 年 2 月 1 日，巴黎亚洲大酒店的博览会评奖组负责人对记者说，评奖组的评委要过三关。

一是财务关。评委不能受那些不惜巨资赞助组委会要一举成"名"的企业的干扰。因此评审是采取封闭式的，国内和国外的评委各占一半，谁也无法左右。二是水平关。入选的评委都是各自领域的行家，有搞设计的，有搞销售的，有搞教学的，各方面都有，力求全面。三是道德关。要做到公平和公正。

评奖组对参评商标资格也有严格的规定。未注册或注册不到一年的，销售资料不够的，商标本身的设计不过关的，得到公众认可程度不够的，都不能参加评选。

尽管有如此之多的条条款款，博览会的各项奖项的竞争还是激烈异常，每一个奖项都是名牌云集。一些连年获奖的品牌在谋求蝉联，新兴品牌更为跻身名牌行列大显身手。

一切都在变，不变的是博览会组委会上上下下那一份份急切盼望法国服装全部打入世界的爱心。

皮尔·卡丹在这次博览会上仍不负众望，又一次证实了自己是国际大师的实力，捧回了很多金牌，为自己事业的里程碑又添了光辉的一笔。

在法国服装界和皮尔·卡丹公司的共同努力下，法国举办了"巴黎皮尔·卡丹博览会"，博览会正逐渐成为显示欧洲时装面料演变的最佳窗口。无论是展厅的形式，还是展示的内容。

经欧洲经济共同体纺织工业委员会批准，经西欧各国时装协会的通力合作，皮尔·卡丹博览会拟办成西欧衣料流行趋向的联展中心。因此，欧洲纺织服装业权威组织，包括对世界流行织物的开发影响甚广的厂商们，各有千秋的设计派别和世界知名度挺高的服装设计界名流们，与时代新潮吻合的创新格调荟萃于此，从而形象地展现了欧洲这方面新的风尚。

在博览会的推动下，一些受欢迎的时装款式被设计出来，比如休闲轻便装、青春装。在一定程度上表现了实用性与欢悦感相结合的现代服装风采，过去那些重性感的女装大为减少，在裁剪手法上也有很多进步。

通过这些盛会，皮尔·卡丹从中体悟了一些深刻的东西，这对于他的事业来说，又起到了极大的推动作用，同样也为后一代服装设计师提供了很多有益的机会。

"君王"的气派

皮尔·卡丹在服装领域获得了极大成功,但他并不满足,以他的非凡才华和执着精神,他又迈进其他领域。成为一位伟大的艺术家或一位超级大富翁对一般人来说都绝非轻易的事,他要付出百倍的辛苦、汗水甚至泪水。

要想"熊掌和鱼"两者兼得,则更是难上加难了,然而皮尔·卡丹却都得到了。

皮尔·卡丹的经营很早就拓展服装以外的领域。

从1968年起,皮尔·卡丹就开始为米兰市和威尼斯城设计玻璃制品,而后又为收录机、咖啡壶、闹钟、玩具等做造型设计,他还从事巧克力、卫生纸、地毯及涂料的制造业。他所涉足的领域是无人可比的,而他在每一个领域中都取得了惊人的成绩。

1976年后,皮尔·卡丹又开始设计家具和室内装饰品,并且在巴黎的福博·圣昂诺莱街上开设了皮尔·卡丹的专营商店,皮尔·卡丹的各类创作设计在此陈列,大至柜、桌、沙发,小至台灯、钢笔、餐具,造型新颖,构思精巧,使置身其间的人仿佛进入了现代派工艺品博物馆。

他曾为美国大西洋飞机公司设计私人小型飞机,飞机的造型及舱内装潢颇为别致,机身饰以黑、白、红三色条纹,宛如色彩斑斓的蜻蜓在空中飞翔。他曾为美国"凯迪拉克"牌豪华轿车设计造型;又为瑞士汽车设计外壳造型。他设计的汽车呈流线型,表盘、方向盘的设计都很别致,令人耳目一新。

他所设计的服饰用品、化妆品及日用工业品,更是举不胜举。比如他的香水"第十六系列"和"阿马迪"都成为20世纪60年代欧洲市场上的抢手货。皮尔·卡丹设计的卷边平顶帽和蓬松便帽成为旅法游客的最爱。

经过几年的不懈努力和不断创新，皮尔·卡丹终于建立起了属于自己的"卡丹王国"，而且规模越来越大。

皮尔·卡丹除了设计时装之外，还设计珠宝、首饰、化妆品、眼镜、床单、皮革制品、假发、手表、打火机、挎包、鞋、帽等，卡丹帝国可谓是五花八门，无所不有。

他自己曾自豪地说过这样的话：

用卡丹作为牌子的产品可以满足我的一切需要。我可以睡卡丹的床，坐卡丹的软椅，在我设计的餐厅里用餐，用我的灯照明，甚至去剧场看戏，到展览会参观，都可以不出我的"王国"。

美国巨商图林说过，自从他"把皮尔·卡丹的名字打在自己的250种产品上后，销售额增加了2000万美元"。他又说："如果我的皮带上不打上皮尔·卡丹的缩写'PC'这一标记，人们就不买了。"

这足以证明了，皮尔·卡丹在世界服装市场上的影响已令其他同行们难以望其项背。从某种程度上说，皮尔·卡丹的服装没有皮尔·卡丹的名字值钱，因为人们从皮尔·卡丹这个名字里读出了未来。

皮尔·卡丹在商标授权上似乎从不计较是什么类的产品，日本人骑着PC牌自行车，德国商店出售PC牌窗帘杆，瑞士有PC牌香烟，韩国盛行PC牌化妆品，中国有PC牌的儿童玩具及床上用品，越南胡志明市的大街上出现了PC牌的红色高跟鞋。甚至允许台湾地区用他的名字生产廉价的旅行包和钥匙链，而他对此全不在意，还说："我赚了很多钱，真的是很多钱，从那些旅行包上。"

全球以卡丹品牌生产的商品，年利润超过12亿美元。他提供自己的"卡丹"品牌，每年也得净收入几千万美元。

他在自己的王国中是总经理又是会计师，因为卡丹王国的资金真正有多少，只有他一个人知道。他不仅得到许多政界要人、文化名人一样的声誉，还有数以万计的资产。

这位自由的大师，不仅是当代运动距离最长的艺术家，也是整个时装界最有力的商标，他用自己的名字，其实就是"PC"两个字母，加上独特的授权方式和一种惊人的奋斗进取精神，掀起了20世纪一场大规模的商业革命。

皮尔·卡丹领导了这场商业革命，也是这场商业革命中的最大受益者。

假如把整个戛纳城比作一部电影的话，那么，皮尔·卡丹就是这部电影中的当之无愧的主角。他所拥有的声名与荣耀是德帕迪约、伊夫·蒙当、贝尔·蒙多之类的电影巨星所无可比拟的。

皮尔·卡丹一向注重务实，但他除了在服装界的建树外，还投资房地产等进入多元化发展，借以巩固"卡丹帝国"的根基。

知名品牌与多元化似乎是一对孪生姐妹，名牌是一种无形的巨额资产，在商场上，很少会有人愚笨到面对驰名品牌无动于衷，不知道利用名牌效应走多元化之路的。

1981年，皮尔·卡丹又有了新的惊人之举，他买下了靠近巴黎协和广场、皇家路上的著名高级餐厅"马克西姆"餐厅。

"马克西姆"这个名称，是巴黎市无价金字招牌。皮尔·卡丹之所以把这块金字招牌的专利权购买过来，并不是看中了它的地位辉煌，把这一法国烹调界的一个标牌买来"敬养"，而是加以利用，利用它来招财进宝，把它变为一件能够产生高额利润的工具。

1981年11月27日，路透社从美国加利福尼亚圣塔巴拉市发出一条消息说，在美国全国共开设了1114家快餐店的三宝餐厅实业集团公司，已在该日回禀法庭，宣告它自愿破产。

而在1981年11月初，这家公司在美国46个州开设的1000多家快餐店中，已有447家关了门，它们大部分坐落在美国西海岸的城市中。美国在1980年和1981年连续两年发生经济衰退，但在商业银行利率长期保持在高水平上，中小企业倒闭之风越吹越猛烈。"三宝"餐厅实业集团公司自动宣布破产，是这场经济衰退的受害者之一。

与此番景象相反的是，在大西洋彼岸，皮尔·卡丹在巴黎经营的"马克西姆"却生意兴隆，异常红火。

在这方面，皮尔·卡丹何以如此游刃有余呢？他的生财之道在于有一套面向大众化的经营思维。在购买"马克西姆"之后，他首先把巴黎的"马克西姆"餐厅，从只对少数人开放的俱乐部式的高级餐厅，改为大众化的、人人都乐意光顾的快餐店。

他认为，如果"马克西姆"餐厅那种传统的只做少数人生意的作风不改，能够生存下去的机会很少，但是如果改变作风，走大众化的市场，业务就大有发展前途，就可以恢复"马克西姆"的金光闪闪的金字招牌形象。

在巴黎，他就这样做了。结果，在近年法国经济衰退，失业人数有增无减的情况下，巴黎"马克西姆"快餐店的生意却保持了红火，而其他一些继续走老路，只对少数人开放的贵族化的餐厅，每天只在晚餐时间较为热闹，早餐和午餐时刻都生意冷清，门可罗雀。

一旦皮尔·卡丹的计划能够实现，"马克西姆"熟食店就会在全世界更多的城市出现。目前，新加坡和比利时首都布鲁塞尔相继加盟，此后，依照皮尔·卡丹的计划，新的"马克西姆"餐厅也已于1983年在美国纽约和洛杉矶出现，芝加哥的"马克西姆"餐厅也已恢复了营业。

巴黎的皇家大道上，有一家"马克西姆"鲜花店，该店所售的白兰花每枝40美元。这家鲜花店，以及这家鲜花店所在的整座楼宇，其业主都是皮尔·卡丹。

在皮尔·卡丹的精心策划下，巴黎除了有"马克西姆"快餐店之外，还有"马克西姆"鲜花店。

皮尔·卡丹拥有永不枯竭的创造力、高瞻远瞩的鉴别力和一直要当"第一"的意志及无畏的冒险精神，这一切都为他的成功奠定了坚实的基础。他与别人谈话时，言辞中常出现野心、意志力这类充满尼采意味的字眼。

皮尔·卡丹说："我要我的企业能无国界、无人种区别地尽量能触及更多的人。我最大的梦想是能在月球上开一家皮尔·卡丹分店，而且亲自到那里去主持开幕典礼！"创造、征服是他唯一的乐趣，也是他旺盛生命力的秘诀。

这就是皮尔·卡丹，这就是"卡丹帝国"的君王的气派！

皮尔·卡丹·打造卡丹王国

与众不同的成功者

也许你不会想到"卡丹帝国"这样一个实力雄厚跨国界、跨洲界的庞大的国际企业组织，却至今使用着最原始的经营手法。

整个卡丹公司的营业数字，全由他的一位女秘书及一位会计每天整整齐齐地书写在 30 册小学生用的笔记本中，这恐怕是出乎现代人意料的。现代化的电脑固然也应用在他的企业管理中，30 册记事本也同时使用，皮尔·卡丹一直坚持这样做。

"这是最有效的，也是最迅速地对业务状况全部一目了然的方法。"他说。

同时他也承认，这是第二次世界大战期间，他在维希市红十字会做会计师时养成的习惯。

皮尔·卡丹是一位伟大的艺术家，也是一位了不起的经营者。他的经营虽不是专制的，但他并不相信任何人。皮尔·卡丹开诚布公地说："我不需要什么董事、经纪人、合伙人。经营方面两次受过骗后，我不再对任何人有信心。我就是我企业 100% 的主人，我不欠任何人一分债。"

皮尔·卡丹每天必须签出 300 张支票，因为卡丹公司的日常开销，如收入、员工薪金等，皮尔·卡丹都要亲自过目。其中每个月为雇员发薪水便得签上相当于 200 万美元的 1000 万法郎。

身为一个庞大"王国"的总裁，而又事必躬亲，如此原始的经营手法被众多欧洲的企业家戏称为"穷人的经营方式"。美国的经济记者理查德·默雷斯曾批评皮尔·卡丹的企业"是世界上最混乱、也是职业性缺乏到令人震惊的程度而却拥有百亿美金营业额的企业组织"。

卡丹公司的员工可能多少会觉得皮尔·卡丹有些独裁。30年来，皮尔·卡丹从来不召开任何业务讨论会、分析会、名目繁多的交流会。如果有人反对，他会理直气壮地告诉他："卡丹企业是我一手缔造的，理所当然是由我决定一切，我对我全球的企业了如指掌，就像母亲对自己的孩子一般清楚。"

在如此庞大的"帝国"里，应酬活动的频繁程度是可想而知的。皮尔·卡丹经常忙得3个业务午餐集中在同一天同一地点"卡丹空间"的餐厅里进行：第一道前菜；第二道正餐；第三道点心与咖啡分别与3批各不相同的商业人士共餐。

然而，尽管名扬四海，衣装天下，但皮尔·卡丹一直过着十分俭朴的生活，不沾烟酒，奉行素食主义，尽管他有一座豪华的别墅，却很少有空在那儿度一个周末，享受一下财富带来的乐趣。

皮尔·卡丹从不粉饰门面，也不喜欢别人把自己当公众人物，到处上电视接受采访。他没有世界各国富豪们摆排场用的英国的"劳斯莱斯"名车，连头发都是在家自己理。

"王国"总部办公室，设备简陋，看起来与皮尔·卡丹强盛的知名度极不相称，与这个时代也甚至相隔了几十年。楼是旧的，门是旧的，过道走廊是旧的，员工用具也多为旧的，只有无数张设计草图是新的。

皮尔·卡丹自然不缺钱。这就是皮尔·卡丹的风格，这种风格不是刻意的追求，而是一种自然而然的流露。他常常不无自豪地说："我没有必要摆排场，我本身就是个大排场。"

皮尔·卡丹一贯主张尽量节省不必要的开支，而他在社会公益慈善事业方面，却从不吝啬。他是个热心公益的人，他曾经自己出资建立"空间画廊"，专门介绍世界各地具有创新精神的中青年画家作品。已有世界各地400个不同剧种的戏团，在"卡丹空间"进行过演出。

他还曾义无反顾地救援艾滋病患者、援助苏联原子能反应堆爆炸的城市车诺比等。可以说，皮尔·卡丹除了是个艺术家、经营家之外，还是一位伟大的慈善家。

皮尔·卡丹极端地以自我为中心，往往语出惊人。他说话简洁明了有力，富有逻辑性，他崇尚实践，崇尚脚踏实地，从现在做起。

他是平易近人的，从不摆架子，任何与他接触过的人都会有这种感受。可是又过分自尊自信，过分突出自己。物极必反。正因为过分，有时竟固执到不情愿正视现实。如对待多元化企业的问题，本来多元化企业，在江户时代的日本便已开始，战前各国也已存在。但当有人问他关于多元化企业的构思是否取于日本时，他武断地回答："绝对不是，只可能是我教授给日本人，不可能是他们教授于我。"

皮尔·卡丹为人率直，所以他不讳言自己的孤独感，不过他有着自己的说法："我喜欢孤独，孤独是我创作灵感的源泉。"又有人问他，作为一个企业家，总有受挫折时的困惑，你是如何渡过难关，又如何寻找心理上的平衡的呢？

皮尔·卡丹以一贯自信的口气说：

> 我业务上若遇到困难，才没有人理会我呢！甚至令他们感到厌烦。我在我自己身上寻找平衡，或在工作上，或去看戏剧、上饭馆做娱乐消遣。当然，身为庞大企业领导者，责任十分重大，但这也是我的乐趣所在。

皮尔·卡丹口才极好，与众人在一起，他能滔滔不绝地一路讲下去，然而，他又好思考、沉默。有时走路，也会完全陷入沉思毫不顾及周围的一切。坐在飞机上，也喜欢耷拉着一双厚眼皮，也许他正在思考"帝国"明天的走向。

1992年，有位美国记者问他企业成功的秘诀，他特别强调创业时资金的重要作用，并自豪地告诉记者："到目前为止，我现有的经济能力已足够让我自由发展，不需向任何银行借钱，看银行脸色，我自己就是银行。"

多年来，卡丹企业没进行过有关企业预算或开业务计划会议。这曾一度遭到媒体记者的批评和同行的讥笑。但是，衡量一个企业的优劣，主要还是看效益。

如果每件事都因循守旧，走别人走过的老路，皮尔·卡丹决不会从一个两手空空的乡下青年，拳打脚踢几个回合，仅仅5年的时间便挤进了高档服装设计师的行列。正是他的不同凡响的才华、独特的思维与大胆的创新之道，才能使他迅速发展，令世人感到惊讶。

工作上的皮尔·卡丹是一位作风严谨、精益求精的人。即使在自己成名后，他也十分珍惜和维护"皮尔·卡丹"这一享誉世界的品牌。

在一次世界性的服装展示会上，皮尔·卡丹在助手们的带领下来到自己的展台前，他仔细地看了展台的布置，并在展台前与工作人员一一合影留念，然后一声不响地走了。

没想到，半小时后一位设计师带着两套女时装与两名模特又来到了展会。设计师告诉展厅的工作人员，说卡丹先生对布置不满意，没有体现出皮尔·卡丹的风格和艺术特色，必须进行重新调整。

卡丹帝国的形成，自然有诸多因素，而这与他工作起来不顾自我的疯狂劲头是密不可分的。他没法度假，没法休息，他走到世界上任何一个地方，日程都是排得针插不进，他的安排里没有空余时间，卡丹说过："我这一生别无其他，只有工作，永远不停地工作。"

他认为自己个性中的"当机立断、迅速决定"也是成功的一项本钱。他说："我不喜欢浪费时间"。卡丹做事总是快节拍、快速度，从不拖泥带水、优柔寡断，但又决非草率从事。深思熟虑与当机立断是他经营上的主要风格。

俭朴的卡丹之家

巴黎，是享誉全球的浪漫之都。

3月的巴黎，气候湿润而温和，穿一身单衣随意而行，也未觉得丝毫寒意。而皮尔·卡丹设计的服装也正如这春天，与美丽如影随形。

此时的巴黎到处都有皮尔·卡丹艺术的闪光和他富有传奇色彩的影子。美丽的塞纳河灌溉滋润着这块美丽的土地，造就出了像皮尔·卡丹一样的一位又一位超级服装大师。

世界上有四大服装中心，巴黎理所当然排在首位，因此，巴黎成为那些追求时尚的人们心中的圣地。这里代表着时装的走向，领导着世界的潮流，左右着世界的时装市场。

走上巴黎街头，去倾听巴黎的钟声，观赏巴黎的风情的同时，人们又多了一个去处，那就是皮尔·卡丹时装专营店。

如果有一天你漫步巴黎街头，当走到圣·奥诺里大街将至尽头的时候，前方十字路口左侧，将会出现一座两面临街的暗绿色的二层小楼，正对十字街口的拐角处的墙上，映入你眼帘的将是英文书写的白色大字：皮尔·卡丹。

商店的位置得天独厚，处在十字路口，与总统府爱丽舍宫只有一街之隔，因此，进总统府办事的人们，不论有意无意，都能看见几十米外的绿色的楼房和墙壁上的皮尔·卡丹标志。

皮尔·卡丹时装专营店已遍及世界各地，而圣·奥诺里大街的这家店外表看来也并无不寻常之处，但因其近水楼台的有利地势，这里就成为卡丹艺术走向世界的桥头堡，占领市场的第一站。

推门而入，店内静穆而温馨，挂出的服装不过20套，相隔不下几米，三四位十分体面的服务员很礼貌地招呼着来往的客人。顾客到此用心地品味揣摩，往往不像是衣物的买主，而是在高雅圣洁的艺术殿堂里欣赏一件件艺术品。

其实，这间店的主要作用不是销售，更重要的是展示。卡丹先生只要有新作问世，总要先在这里摆出，工厂也同时组织生产，然后走向世界。

如果你是来参观的，不要以为在此止步你就读到卡丹"服装真经"了，你应该接着走下去，来到奥诺里大街82号，你才走到了名扬世界的卡丹帝国的首府，皮尔·卡丹服装艺术的发源地。

就位置而言，整个法兰西，恐怕再也找不到第二家这样显赫的门牌了。20多米之外的马路斜对面，是法国的总统府，由于街道不宽，无汽车行驶，门旁有两座岗亭，4位卫士分守两边，庄重威严，完全是古代将士装束，银盔亮甲，足蹬长靴。将士们每人头顶插着一支半米多高的红缨，在微风中飘拂着，不由得使人肃然起敬，联想到法兰西将士的古韵与威风。

卡丹总部是一座旧式建筑，两扇老式的大木门上留有一小门，只能单人进出。卡丹只要在巴黎，就会每日4次进出这座木门。

当你把视线从总统府大门移向卡丹帝国的木门，你一定会大吃一惊。一个全球性的卡丹王国，并没有把门面装修得富丽堂皇，而仍然是两扇旧木门，这与皮尔·卡丹精湛辉煌的时装艺术构成了极大的反差。

这也证明，当艺术与事业已达到登峰造极之境，当它的知名度已到了人们耳熟能详的地步，是完全不需要豪华的外包装来招徕人的。

这座陈旧的楼房，就是卡丹帝国兴起的最直接见证者，它记录着帝国的每一步脚印。

20世纪40年代，皮尔·卡丹还是个一文不名、空有满腔才华的热血青年，他从这里起步，从一个闯世界的愣小子到一位两鬓灰白的成功老者，时间过了足足半个世纪，卡丹先生建立了气势恢宏的卡丹王国，而此地依然是他最钟爱的地方。

皮尔·卡丹可以建造一座世界最先进的现代化摩天大厦，享受人类创造出来的最舒适的生活，但是，他没有那样做，仍旧日日进出这座旧楼，因为这里已灌注了他的情感，这里有他年轻时的梦想。在这里，他一如既往地用他超群的思维美化着人们的生活，构思着王国更大的蓝图。

在卡丹王国的总部不远处，坐落着一座两层旧楼，这就是皮尔·卡丹的家。他的家看来同样俭朴甚至寒酸，楼不高，一个旧而小的门，关得紧紧的。风风雨雨几十载，皮尔·卡丹每日都要从这道小门里进出步行上下班，每次都是10多分钟。

多少年来，姐弟两人分住上下两层，每日早晚两次见面，同平常人一样，他们的家庭生活俭朴而平凡。

白天，皮尔·卡丹的姐姐一人在家；夜晚，姐弟两人彼此用故乡威尼斯的方言交谈。"童年"是两姐弟谈话的共同的永恒的主题。当"童年"从遥远的过去乘着回忆的列车缓缓驶来，驶向这幢高楼的主人时，过去的日子带给两姐弟的幸福是旁人所难以分享的。大多数的节假日，皮尔·卡丹都是在这幢旧楼里陪姐姐共同度过的。

在皮尔·卡丹家不远处的总统府四周，坐落着一座连着一座，气势恢宏、直冲云霄的高大建筑群。这些建筑群，以它们的赫赫名气，给总统府平添了几分光彩。

皮尔·卡丹把自己毕生事业的根基立在了总统府爱舍丽宫的高墙外，对总统府形成了三面包围。"势力范围"从东北角的现代超级商场开始，直至西南隅的一方重镇，只有西北角才是空当。就此一点，世界上绝无第二例。

皮尔·卡丹虽然功成名就，却一直过着相当简朴的生活。很多人

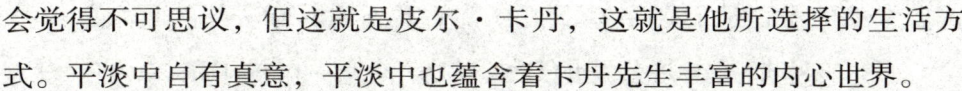

会觉得不可思议,但这就是皮尔·卡丹,这就是他所选择的生活方式。平淡中自有真意,平淡中也蕴含着卡丹先生丰富的内心世界。

至今未娶,一直过着与自己的姐姐相濡以沫的生活。凭其实力,每日可雇用一连人马为他服务,但他没有那么做。当年皮尔·卡丹每日回到家中,还要帮着老姐姐做家务。

皮尔·卡丹的助理,是日籍高田美女士,与他密切配合40年。尽管她看上去老态龙钟,但皮尔·卡丹每次出面应酬,她总是伴其左右。

皮尔·卡丹有一种典型的怀旧情结,不光体现在那个木门上,他有一辆曾经开了20年的标致车被人偷走了,他时常对别人说起那辆车,总觉得现在手里的一辆宝马车远不如以前的那辆老车。

皮尔·卡丹还拥有伟大的博爱胸襟和情怀。皮尔·卡丹曾把一对法国夫妇的5胞胎收为义子义女,负担其全部费用。如今5个小家伙长得十分逗人喜欢。

皮尔·卡丹外出,常常有3个人陪同,一矮二高,二女一男,外形上看来倒颇有几分滑稽。

第一位是总裁的助理,即上面提到的日籍高田美女士。她的身高不足1.45米,和皮尔·卡丹的年龄差不多,是皮尔·卡丹最贴身的共事人,大小活动她都参加。

第二位是高档服装部经理玛丽丝女士,1.80米左右,鼻梁上架着一副黑边大眼镜,更显风度翩翩。玛丽丝,以前曾为皮尔·卡丹做过多年时装模特儿,然而,岁月不饶人,虽然风韵犹存,但若还要在T型台上叱咤风云,未免显得老迈了些。所以,从舞台上退出来的玛丽丝进皮尔·卡丹总公司担任了要职。

再一位就是身高1.85米以上的圣·布里斯先生,一副白色眼镜,比皮尔·卡丹小了20多岁,但头发已白了大半,也许是操劳过度吧。他管辖的商标代理部,在皮尔·卡丹的公司里举足轻重,几百项合同都要经他的手,他的名字签下去,就关系到几百万法郎的收入。

圣·布里斯是卡丹公司的"老资格",他一口气干了20年,没有挪过窝。

在法国总统府斜对面的那座旧楼里,圣·布里斯与皮尔·卡丹进进出出,从一位普通员工,熬成如此一位人物,的确也很不容易。因为他从未学过服装,也不懂经营,他的专业是历史与哲学。事实上,他骨子里最感兴趣的仍然是哲学与社会学。

虽然他们性格各异,但他们相处得像一家人一样,始终为卡丹王国默默地奉献着。

与中国的情缘

我相信中国的未来，我相信中国人的智慧。

——皮尔·卡丹

始于挂毯的中国情

1976年,中国轻工产品博览会在巴黎举行。在宽阔的大厅里,有一幅长宽各4米的巨幅艺术挂毯《万里长城》吸引了众多人的眼光。

挂毯展示出的宏伟的造型,磅礴的气势,使正在参观的皮尔·卡丹受到了强烈的震撼。他不惜巨资买下了它,并把它陈列在卡丹文化中心,与此同时,不一样的东方文化也进驻到这位西方艺术家的心里。

为了能够进驻中国,让东西方文化在一起融洽交汇,卡丹先生选中了挂毯作者的夫人宋怀佳女士作为他的代表,并常驻中国。

皮尔·卡丹在1978年开始向中国投资时,不少法国朋友甚至嘲笑他:"中国是个文化沙漠,没有时装,只有灰黑一色的男女装,而且中国人不会掏给你一分钱。"

但这位才华横溢的设计师一下子觉得中国市场早晚有一天时装业会非常发达,当卡丹预见到这个文明古国蕴藏的商机时,听说了消息的欧洲同行多是持怀疑的态度观望着他。

在17世纪时,法国的传教士利玛窦,为了促进欧洲与这个神秘而又古老的东方国家之间的文化交流,作出了卓越的贡献,他的名字也被列入中国史册。

300多年后,皮尔·卡丹这位年过半百的欧洲人再次走进了这块既古老又年轻的土地。皮尔·卡丹是一个喜欢冒险,并具有创新精神的人。

皮尔·卡丹来中国之前,这个古老神秘的国度对他来说一切都是陌生的，而当时的中国人对他同样是一无所知。

皮尔·卡丹第一次来中国是因为一个梦。

那是一幅充满希望的画面：他梦见自己在中国卖纽扣。那时中国是一个拥有10亿人口的大国，他在梦中数着他们的大衣、裤子、衬衫等所需要的纽扣数量，如果按每人每年需要50颗纽扣来计算的话，那么整个国家一年就需要500亿颗纽扣，这是多么巨大的市场啊！

1978年，中国刚刚开放，外国人还不能自由进出中国，他让自己的公司组织了一个旅游团。就这样，皮尔·卡丹终于得到以游客身份进入中国的许可。

一个老外身穿黑色毛料大衣，脖子上随意搭条围巾，手插在兜里，气宇轩昂地走在北京的大街上，吸引了周围所有人的目光，这就是皮尔·卡丹第一次来中国时的情景。他第一次登上了长城，第一次走进了神秘而宏大的故宫。

他是第一位来到中国的欧洲服装设计师。此时的皮尔·卡丹已两次获得法国时装界最高荣誉奖"金顶针奖"。他设计的时装风靡欧洲，同时完成了从高级时装秀"落地"至普通市民中间的转变；他旗下的产业已增加了家具、灯具、装饰品等类别，法国古董级餐厅马克西姆亦被他巨资吞下。

而这时候的中国满街都是军便装和中山装，甚至不好分辨男女，人们不知时尚为何物。

当那次皮尔·卡丹来中国时，工作人员看到"服装设计师"这个身份一下子就蒙了，不知道应该以什么规格接待。

工作人员经过了解，皮尔·卡丹以往出访各国都有政府要员宴请，左右为难只好去请示领导。领导琢磨半天说："不就是个裁缝吗，还要红地毯迎接？"

可就是这个"裁缝"，成为中国时尚界的第一位老师，甚至影响了一个时代的中国人的审美。他亲自挑选出了中国第一批模特，又组建了中国第一支模特队，还把这些姑娘带到了法国进行表演。

皮尔·卡丹回忆说："第一次去中国时，我到了许多地方，去看不同的工厂。中国老百姓非常容易相处。跟他们在一起，你可以得到很明确的答案。一杯酒下去就会袒露心声，就成了朋友。我是第一个让中国人了解什么叫时尚的西方人。我很像马可·波罗，因为我们都具有冒险精神。"

1979年4月，皮尔·卡丹受邀再次来到中国，他举办了中国有史以来第一个国外品牌的时装展示会。他让中国观众第一次看到了外国时装设计师的服装表演，从没有过类似经验的中国，以十分慎重的态度应对，入场券被严格控制，只限于外贸与服装界人士"内部观摩"。

在北京民族文化宫一个临时搭起的T型台上，新中国第一场时装表演上演了。皮尔·卡丹带来的8个法国模特和4个日本模特，在流行音乐的伴奏下走起了猫步，台下的人们穿着蓝灰制服，屏住呼吸观看。

当一位金发女模特在T台中间停下，兴之所至撩起长裙的两襟，露出三角裤时，台下观众竟不约而同地向后仰身。"像在躲避着一种近在咫尺的冲击波。"观看了这场表演的新华社记者李安定这样描述。这次展示的一些衣服肩膀高高耸起，皮尔·卡丹从中国宫殿的挑檐获得了灵感，已经有意识地给服装加入了中国元素。

这一场时装秀，挑战了中国人的审美观念。

这一年，被称为"20世纪最重大事件之一"的中国改革开放政策实行伊始，皮尔·卡丹便来到中国推广时装、举办时装秀。

"不爱红妆爱武装"的中国女性看到金发女模特"衣服穿得极不雅观"，在台下屏住呼吸，非常紧张；而有人看到后台的男女模特在一起换衣服，便自告奋勇要在他们中间拉块"帘子"，结果被皮尔·卡丹阻止，人们惊诧于这位"法国来的裁缝"的大胆。

这一次，皮尔·卡丹带来了不少他珍藏的时装精品，当时接待他的单位是中国服装联合会。为了展示自己的品牌,皮尔·卡丹很想找个模特儿试穿一下自己的"宝贝"。

正好,当时办公室里就有一位迷人的秘书小姐,卡丹请她代为试穿。因为第一次来中国旅游的时候,皮尔·卡丹觉得中国人的身材都很娇小,所以这次带来的衣服尺码都不大。

可眼前的秘书小姐虽说个头不大,身形却较胖。她起初犹豫要不要试,卡丹忙说不要担心,试一下吧,即使不合适,可以在一天之内修改好。可当秘书将外衣脱下来的时候,皮尔·卡丹惊呆了。

女秘书外衣里面居然穿了薄厚不一的8件衣服:红的、黄的、蓝的,各种颜色的,她不穿这么多衣服的话,身材还是很纤细的。当秘书小姐换上皮尔·卡丹拿出来的衣服时,在座的人都被她的美丽惊呆了。

从那之后,皮尔·卡丹在中国参观了纺织厂、丝绸加工厂,还在北京地区做了调研,看是否能够建立工厂。从那时开始,他在中国有了生意上的伙伴。虽然,最初他很难立刻将时尚融入中国社会,但中国的朋友和生意伙伴给了他很多帮助。

卡丹的中国助手

成功进入中国以后，皮尔·卡丹开始和中国纺织协会及北京市进行联络，提出培养中国的模特到法国进行时装展示。

在皮尔·卡丹的回忆中说，当时他所接触的中国人是非常通情达理的，他们愿意接受新鲜事物，另外中国也需要扩大服装向国外的出口。而让中国的模特走向国际舞台，就是卡丹出的主意。

皮尔·卡丹和有关部门的人员一起，挑选了一些各个方面都比较符合条件的好苗子。皮尔·卡丹把这些女孩带到巴黎，进行了一系列的模特课程的培训。

北京女孩石凯是其中的佼佼者，她是皮尔·卡丹精心培养的一位超级模特儿。石凯当时是北京第三十一中学的一名高中学生，身高1.78米，在进大学前，朋友约她进北京饭店玩，被皮尔·卡丹的助手无意间看到，认为她的身材、高度适于在时装的王国里展示与发展，便主动同她打招呼，了解了石凯的一些情况，并将模特行业向她做了一些介绍。

此时的石凯和大多数女孩子一样，对时装模特这个职业没有任何概念，只觉得新鲜好玩。

事后，她被选进了一个模特儿训练班。这些还对模特这个行业一知半解的姑娘们，从早走到晚，走来走去，天天如此，大家感到既单调又无聊。

渐渐地，模特们有了些不满和懈怠，但皮尔·卡丹和他请的老师却丝毫不给她们喘息的机会，依然严格地要求她们。

这一切，都是按照皮尔·卡丹的设计与意图进行的。因为他要发

动一场历史上从未发生过的服装革命：在世界时装中心巴黎第一次展示中国的模特，让中国服装走向世界，汇进时代服装的大潮。卡丹的这番用意与创举，在服装和模特界产生了深远的历史意义。

培训完成后，来自中国的第一批模特走上了巴黎的 T 型台。当这些洋溢着青春气息的中国模特穿着时装展示后，在巴黎这个时装之都引起了巨大的轰动！各国的媒体争相报道。世界开始关注中国模特，关注从中国走出来的时尚代言人。

石凯也成了东方的骄傲，26 岁时，她已经成为世界高级模特之一，她还是皮尔·卡丹麾下的唯一专属的中国模特儿，被欧美影视界认为是最能突出东方美女形象的代表。

这位从古老的北京走出去的女孩，后来还曾作为助手帮助皮尔·卡丹工作。

那些年，有些外国人不了解中国，甚至对社会主义国家的中国还带着很强的偏见。身居异国的石凯十分注意保持中国人的尊严。有一次她参加一个模特选拔活动，主持人一打开她的资料便高兴地说："我很喜欢，台风和服装很搭配。"可他一见石凯的履历表上填的是中国人，转眼就拉长了脸："哦，你是中国人啊！"

石凯马上回敬过去："请把资料还给我，这些都是我花钱做的，不想浪费在这里。"

后来石凯以她的品格和台风在异乡赢得了尊重，也成了中国与西方文化交流的使者。

郑思褆是让皮尔·卡丹在中国事业如日中天的又一位功臣。

郑思褆是北京人，曾在著名跳高教练郑凤荣的指导下，夺得过中国第五届全运会的跳高冠军。离开跳高队伍，她就读于北京师范学院体育系，但她酷爱文学、绘画、服装设计等。毕业后曾在一所中等专业学校教过书，又转行到杂志社担任编辑记者。

正是她在北京采访皮尔·卡丹时，相互结缘。这位会讲几种外语、聪明伶俐的女记者给皮尔·卡丹留下了深刻的印象。后来，郑思禔去了德国。由于丈夫在法国执教法国女排，她又从德国申请到了法国工作。

最初，郑思禔在皮尔·卡丹开设的餐馆里服务，一次偶然的机会与皮尔·卡丹相遇，老人家一眼就认出了她。并且被皮尔·卡丹请去管理商场，成了卡丹王国重要的一员。皮尔·卡丹任命她为童装部的经理。皮尔·卡丹品牌进军中国，郑思禔也成了重要的参与者。

后来，郑思禔一次又一次地回到祖国，跑到西安、北京、上海和南京认真地考察，进行紧张的谈判，终于在西安和北京先后组织了两次大规模而又别开生面的儿童时装展览和表演，为卡丹儿童系列打进中国市场铺平了道路。

打破中国市场的宁静

具有战略家和冒险家双重胆识的皮尔·卡丹将自己的品牌在1979年第一次在中国首都北京亮相后,便打破了北京服装市场昔日的宁静。一阵西风吹去了停留在这个古老而又文明的东方国家上空那种沉闷的空气,无尽的春风吹进了千家万户。

当改革的大潮席卷中国大地时,人们生活水平日益提高,其思想观念也发生了巨大变化,人们不再穿4个口袋的灰色服装,服装开始向多样化发展。不同层次与不同地位的人,无不想展示一下自己的风采与气质,用高档次、高品位的服装来满足自己的精神需要。

无数的炎黄子孙也逐渐地认识到,服装式样不仅能体现一个人的身份,满足心理的需要,而且也反映了一个民族的精神面貌。但成功永远也会伴随着不断的挫折。俗话说:"每个成功者的身后,都会留下艰难创业的足迹。"皮尔·卡丹也不例外。

1981年,皮尔·卡丹再次到中国进行服装展示,这次是在北京饭店,首次面向公众,展示服装的主要是中国自己的模特。北京的模特表演队最终挑选出来的一二十人,几乎全部来自基层。有卖蔬菜的、卖水果的、织地毯的,还有纺织女工。

她们每天晚上集中在一起,接受来自巴黎的两位专业教练的指导。很多人对家人和单位隐瞒了真相,用请病、事假的办法保证训练。当时模特队里年龄最小的石凯,后来被称为中国真正的"第一名模",那时候经常被父亲威胁,"如果敢登台表演就打断你的腿"。

这次展示会刚在北京结束时,一家报纸很快转载了香港报纸的一篇评论,用的是个十分媚俗的名字,叫《外国人的屁香》,说中国劳苦大众连基本的温饱都解决不了，没有搞时装的必要。文章一见报，人们刚刚升起的对时装的热情迅速消解。

按之前的安排，时装队还要在上海进行表演。几天后时装表演队离京飞沪。下机后，皮尔·卡丹等人和队员们就感到气氛不对，前来迎接的人个个拉长着脸，脸上无一丝笑容，像是例行公事，演出场次也被削减。

在上海的两场"内部观摩"也发生了令皮尔·卡丹尴尬的事情：在后台模特更衣处，当地的工作人员挂起了一块大帆布，把房间一分为二，理由是模特有男有女，表演服装又贴身，男女混杂，诸多不便。

皮尔·卡丹听说此事，紧皱眉头，于是面对那些工作人员，他一扫平时的平易近人、和蔼可亲，表现了少有的固执："我们一直是男女模特一个房间里换衣服，这没有什么不方便的。作为一个服装设计师，要像外科医生一样，了解我的模特形体。对不起，请把帆布拿掉，这是工作。"皮尔·卡丹一脸的严肃。

接待人员面面相觑但又无可奈何。他们很尊重皮尔·卡丹，所以虽有所不愿，还是将遮挡着的帆布拆了。但对这个固执的年近花甲的老头儿的言行，中方人员内部约定点到为止，谁也不许走漏风声。

尽管遇到了种种挫折，但皮尔·卡丹仍是一副"咬定青山不放松"的坚定姿态，按着自己的意志，怀着对中国人民深厚的友情和推广服装艺术的决心，信心百倍地开展在中国的事业。

1979年至1981年3年间，皮尔·卡丹的时装展览会连续在中国北京举办。展览会隆重热烈，国人对皮尔·卡丹的认识逐日加深。这段时间被视为中国时装发展的萌芽阶段。这在当时既无时装概念，又少品牌意识的中国人心中，补上了生动的一课，令其蕴藏着的巨大市场潜力在后来的二三十年里迸发出来。

1981年11月22日，香港《文汇报》刊登了一条路透社从北京发出的消息：

> 法国的高级时装在今天进入了北京市场，但是对象并不是普通的中国人。
>
> 著名时装设计家皮尔·卡丹，今天为他的服装及附属品办了一个展览会，随后这些展品便公开发售。在今早的开幕仪式上，皮尔·卡丹兴奋地对记者说："有人曾经以为这是不可能的，但终于搞成了。"
>
> 不过，这些货品都只能以外汇券购买。但是，有一位中国人，却免费获得了皮尔·卡丹的一件外衣。
>
> 摄影记者要求卡丹和翻译郭卫安穿起一件展品一同拍照，后来卡丹把那件外衣的标签撕掉，说："现在它是你的了。"
>
> 卡丹的精品位于天坛的一个亭子里。但皮尔·卡丹说，他计划开一间大些的店铺和一间拥有300名工人的工厂，以便在这里生产卡丹的产品。

消息报道的是皮尔·卡丹1981年11月21日在北京开幕的时装展览会。他在这一年第三次获得了法国"金顶针奖"。

那一天，皮尔·卡丹时装北京陈列馆在北京天坛公园斋宫隆重开幕。北京市对外贸易公司副总经理和皮尔·卡丹本人，为开幕式剪了彩。同一天，一场规模空前的皮尔·卡丹时装表演在北京工人体育馆如火如荼地进行着。

开办马克西姆餐厅

1982年12月，皮尔·卡丹在北京举行了有官方出席的马克西姆餐厅签字仪式。它标志着皮尔·卡丹迈开了在中国开办实业的第一步。

1983年9月26日，北京一家合资餐厅开业的消息登上了当天中央电视台《新闻联播》，这家餐厅正是马克西姆。皮尔·卡丹在两年前买下法国巴黎的马克西姆餐厅后，全球第二家分店没有选择伦敦、纽约这样的大都市，而是斥资几百万美元开到了中国。

北京马克西姆餐厅坐落在崇文门西大街2号，它的前身是一家烤鸭店，全部装潢复制了巴黎的马克西姆风格。在当时中国人月收入不过几十元的年代，皮尔·卡丹再次让很多人觉得这样的行为无异于疯狂。相当长一段时间，很多老百姓只是站在门口悄悄地向里面探头观望。

这种情形可以想见，因为这也是改革开放后，北京乃至全国出现的第一家中外合资的高档西餐厅。中资方则是当时的北京市第二服务局。在此之前，北京的西餐厅只有俗称为"老莫"的莫斯科餐厅、和平饭店、新侨饭店等寥寥几家，都以经营俄式餐品为主，带着改革开放前浓重的意识形态印痕。

而马克西姆被当时人称为"北京第一家纯资本主义性质的高档餐厅"，餐厅的壁画中有不着寸缕的人体画，中资方曾专门请示北京市文化局和公安局，最后还是一位副总理拍板才决定原样保留。

开业之初，顾客中近70%是外国人。"餐厅承载的社交作用比较明显。在很长一段时间里，在马克西姆吃饭，几乎是一种身份的象征。"第四任总经理贺广银回忆,"当时这里喝一杯咖啡5块,还要加上10%的服务费。要是吃顿饭,怎么着人均也得一两百块钱,相当于当时两个月的平均工资。"

皮尔·卡丹公司中国首席代表宋怀佳女士兼任北京马克西姆餐饮中心总经理,这是她的正式头衔。

对于宋怀佳女士,皮尔·卡丹常对记者们说:"'皮尔·卡丹'能够进入和占领中国市场,一是凭她超前的意识;二是深厚的艺术功底;三是强大的经济实力;四是对古老的中国的坚定信念。"

他特别强调地说:"宋女士是我的好助手,皮尔·卡丹在中国的成功是她的功劳。"

在中国普通老百姓还没有分清什么是时装、高级成衣、高级定制之时,马克西姆餐厅已经不定期地举办一些小型的时装发布会。第一次将中国模特带上西方舞台的宋怀佳,也把马克西姆作为一个服装展示的小舞台。

而皮尔·卡丹训练的第一批中国模特,也是在马克西姆学会了怎么用刀叉,怎样品尝西餐……有媒体人评价:"改革开放后中国的社交礼仪和时尚界,都是从马克西姆餐厅萌芽的。"

皮尔·卡丹在带来服装艺术的同时,也带来了法国的文化。在宋怀佳的打理下,马克西姆餐厅逐渐变成一个艺术十足的乐土。这里也成为前卫艺术的阵地。

在20世纪八九十年代,北京摇滚乐走向地上之前,马克西姆曾是摇滚青年们的世外桃源。崔健、程琳、何勇、艾敬等人还默默无闻时,宋怀佳就免费请他们来演唱。餐厅中间的地毯掀开就是舞厅,音乐响起,演唱便开始了,崔健说这里的摇滚演出就像是"内部活动"。

在宋怀佳的庇护下,中国摇滚乐发出了最早的声音。歌手姜昕在《长发飞扬的日子》中回忆,马克西姆餐厅与后来的外交人员俱乐部,曾经是中国摇滚乐的两个"圣地"。所以当时有人戏称"摇滚并不接近人民，可摇滚只接近马克西姆。"

有人说，很多中国人就是通过马克西姆，才真正亲身体验到什么是沙龙文化，马克西姆餐厅在中国开了餐饮与文化、艺术直接相连的先河。

20世纪90年代中期，各种类型的西餐厅在全国遍地开花，时尚与文化也有了多元化的表达，马克西姆不再一枝独秀。

1998年，皮尔·卡丹和中方签署的14年合同到期，马克西姆归还给崇文门饭店管理，但合作继续延续，马克西姆这个名字依然保留。接着，皮尔·卡丹在上海大剧院开了一家分店，又于2008年奥运之际进驻北京的蓝色港湾。

后来马克西姆餐厅已在全球8个国家开了10家分店，其中3家落户中国，不难看出皮尔·卡丹对中国格外垂青。

他曾富有诗意地表述："马克西姆经历了岁月的考验，而成为一个永恒的生活艺术和法兰西的文化标志。"

受欢迎的洋品牌

1989年，皮尔·卡丹先生以敏锐的眼光开始了在中国异乎寻常的商业活动，开始从单纯的品牌形象的树立到实际商业活动的推进，在这一年，他相继在北京、上海两地开设了以其名字命名的西服专卖店和百货公司店中店。

在向中国消费者灌输名牌意识的过程中，皮尔·卡丹先生选择了以体现男性自身价值和成功标志的高档西服作为其商业活动的起点，可谓慧眼独具。

随着皮尔·卡丹专卖店的建立和业务的迅速发展，特别是名牌服装所体现的人的社会地位，使普通的中国消费者领略到了国际名牌的价值。

自北京开设马克西姆餐厅以后，皮尔·卡丹又推出系列服装，组织大型时装表演，开办服装工厂，遍设时装店，使中国的"皮尔·卡丹"热不断升温，致使北京服装界把1993年称为"皮尔·卡丹"年。显而易见，中国20世纪90年代的时装市场只属皮尔·卡丹。

还有些人说："能买一套'皮尔·卡丹'穿在身上，才算对得起自己。"

1989年12月，闻名世界的皮尔·卡丹公司在北京开设的中国第一家皮尔·卡丹品牌系列服装专营店隆重开业，店内人头攒动，摩肩接踵，每个柜台前都围满了人。

许多人感叹："皮尔·卡丹，你来得太迟了。"这不光是指漂亮的服饰，也是指他带领的服装文化和一种开放的意识。

一位广东记者，在来京采访报道一个国家级的重要会议前购买了一套"皮尔·卡丹",放在箱子里没舍得穿,当拿出来看到有褶皱时懊恼万分,次日清晨发现褶皱全无,一扫不快心情,高兴地穿在身上,直赴人民大会堂采访去了。

一位打破亚洲举重纪录的运动员,只因1.5米多的身高,在到处寻访仍难以找到合身的皮尔·卡丹的服装时,心情自然有些失落,当他在北京"皮尔·卡丹"服装店,意外地发现了非常合体的高档西装时,他欣喜万分,这真是踏破铁鞋无觅处,得来全不费工夫。他万万没有想到,寻找那么久,却在自己的家门口发现了穿在身上恰到好处的"皮尔·卡丹",多年的心愿终于得以满足。

皮尔·卡丹服装时刻会展现在你的眼前,在中国只要提起"皮尔·卡丹"这4个字,人们会立即联想到服装,可见皮尔·卡丹时装已经完全被中国公民接受了。

皮尔·卡丹凭自己的艺术征服了人们爱美的心灵,用他的经济实力,领导着世界时装潮流。他的形象及其服装艺术深深地进入了中国人的心里。

1990年秋,北京。

一个体现了全亚洲人团结奋进,令全世界瞩目的亚运会,正在隆重举行。

皮尔·卡丹作为尊贵的客人应邀出席了亚运会的开幕式。皮尔·卡丹成了开幕式上最令人注目的人物之一。

他一出现,立即被各国的记者紧紧地包围了。记者们向他发出了猛烈的"进攻",采访结束后,他幽默地笑着对记者说:"希望下次见面时,你们也能穿上'皮尔·卡丹'。"

此时的岭南,生机勃勃,春意盎然。这里成为中国改革开放的前沿。旧的意识在逐渐消失,传统的格局在迅速变革,企业能否站稳脚跟,更重要的在于它能否抓住并运用好经济规律。在这样的气候与环境下,"皮尔·卡丹"进入了羊城广州。

功夫不负有心人，经过几个月的运筹和努力，中国第二家皮尔·卡丹时装专营店广州招商天成时装商场，于 1990 年 9 月 29 日在中国大酒店隆重开业。它的出现，犹如半路冒出的一匹"黑马"，以势如破竹的速度迅速占领市场。

商场开业时，法国及中国香港、北京、华东、西南等地区纷纷派人前来祝贺，国内不少省、市有关领导也放下繁忙的工作，专程赶来参加。那一天，中国大酒店在一只只艳丽的大花篮、一张张醒目的广告牌的映衬下，更加辉煌夺目，电视台的采访，更使它热闹非凡。

法国巴黎电台和电视台也派出一支高素质、高水平的记者团并携带大量现代采访器材专程来到广州，他们以最快的速度把这一消息发回巴黎，并向全世界播放。

广州，这座华南最大的城市，中国的南大门，凭借地理上的优势和改革开放的大气候，已成为全国最大的服装交易市场。天成时装商场的诞生，无疑为美丽的羊城又增加了绚丽的色彩，广州人从此可以领略"行动中的雕塑"皮尔·卡丹的时尚与魅力。

"皮尔·卡丹"成了高档时装的代名词。

接着，"皮尔·卡丹"专营店接连在沈阳、佛山、天津、哈尔滨、上海、成都等地开业，卡丹帝国的触角在中国越伸越远。

1993 年，"'93 皮尔·卡丹世界儿童系列服装"新闻发布会在北京国贸中心西楼马克西姆餐厅进行。皮尔·卡丹精神十足，充满自信地向世界发出了信号：皮尔·卡丹系列童装开始进入中国。

卡丹先生倾心于世界儿童服装事业久矣，在有生之年，他最大的愿望就是把自己设计的童装推向世界，特别是中国，这是他要完成的最后一项大工程。

以下是卡丹先生在新闻发布会上激情澎湃的演讲：

诸位，今天我们相会在北京马克西姆餐厅，通过这里，介绍我的事业。这里不仅代表了文化，而且已成为文化交流的桥梁。

在我们大家的共同努力下，我在中国的事业不断发展。18年前，我最初在北京街头只能看到中山装，现在你再看北京人的穿着，已经发生了巨大的变化。

我的内心深处，始终有一种坚定的信念，对中国充满了希望。

你们的人民依靠聪明才智在努力改变着自己，你们的国家已进入了强国的行列。

38年前，我已了解香港、台湾……他们也是中国人，讲中国话，服装业也十分发达。

这次来北京，只用了11个小时，十分方便，如同到巴黎郊区旅行一样，再也不需要像马可·波罗到中国时那样麻烦，说明人类在不断向前发展。

中国人民勤劳勇敢，将来一定能在服装业方面超过外国人。为此，我才有可能并愿意成为中国人的朋友。

在这里，我像在自己家里一样，在巴黎飞往北京的空中，我如一只快乐的小鸟，希望早一点降临在中国的土地上。

卡丹先生滔滔不绝，看得出他的确十分激动。

然后，记者们开始提问。《中国纺织报》记者问道："请问卡丹先生，儿童服饰的特点是什么？您有什么看法？"

卡丹先生显然有备而来，他说："中国人实行计划生育，一对夫妇只生一个孩子，所以孩子在中国都是父母的心肝宝贝。但遗憾的是，大多数父母又缺乏服装方面的科学知识，往往影响了儿童的成长。因此，我想把自己设计的服装在中国全面推出，让中国儿童得到享受，让中国的父母得到满足和欢乐。"

《经济日报》记者问道："卡丹先生，请讲一讲您对中国人穿着变化有何感受？中国市场是否有能力接受外国名牌？"

"中国是世界上人口最多的国家，市场潜力极大。服装业能解决许多问题。穿衣是当今人们第一号问题，吃饭已降为第三号问题。服装业是生活中不可缺少的一部分，不仅仅是为了装饰。

"服装业是世界上非常重要的一个行业，有无数人为其工作和劳动，有许许多多专家、技术人员和工人，他们把原材料经无数道工序变为服装，设想要是没有此行业，会有数不清的人要失业。如果无服装业，美国纽约一半以上的商店要关门，人类的文明也就没有了。"

皮尔·卡丹越说越起劲，手里拿着一支绿色的圆珠笔，不停地在空中挥动。年过七旬的老人，依然精神矍铄，思维敏锐，眼睛炯炯有神。

"现在是文明社会。文明程度越高，就越需要高档次高质量的服装。中国经济发展令人吃惊，对名牌的需要会日趋强烈，不仅大人，儿童也照样崇尚名牌，有人跟踪调查了10000名儿童，不少已开始用大人的名牌。

"我已经把儿童服装的总代理权给了广州招商公司，这不是我在中国的第一个合同，但是我最愉快的一个合同，因为儿童是中国的未来。"

皮尔·卡丹的助理郑思禔小姐在接受北京人民广播电台的采访时，通过电波又一次向中国人民表明，皮尔·卡丹对在中国发展儿童服装充满信心：

"政府规定一对夫妇只生一个孩子，所以大家都极为重视优生、优育、优教。因为是独生子女，所以孩子要求摘星星、摸月亮，父母也愿意去干。

"20世纪60年代，皮尔·卡丹的男装、女装已开始占领了欧洲市场，应该生孩子了，于是就产生了卡丹童装，否则，便不能称其为卡丹族了。卡丹的男装与女装，是一对亲密的夫妇，既然这对夫妇已在中国落户，那么就要生下自己的孩子——皮尔·卡丹儿童服装系列。"

把皮尔·卡丹品牌的儿童服装推向全世界，让更多儿童穿上科学、美观的服装，生活得快乐幸福，这是皮尔·卡丹最终的愿望。

1993年5月的北京，"'93中国国际服装服饰博览会"正在隆重举行。除国内数百家厂商参展外，日本、英国、奥地利、德国、法国、美国、韩国、意大利等国家与200余家厂商都应邀前来参展。

11000多平方米的大厅里共设有430多个展位。世界七大时装王国的重要服装企业也在此亮相，世界著名的设计大师瓦伦蒂诺、皮尔·卡丹和费雷同时光临本届盛会。

整个博览会可说是熠熠生辉：皮尔·卡丹的超前新颖；伊夫·圣洛朗的别致、独到；华伦天奴的洒脱、飘逸；君岛一郎的端庄、大方；森英惠的华丽、艳美，那种梦幻般摇曳多姿的色彩着实给每一位参观者以前所未有的视觉享受。

在展厅一个十分突出的位置，法国皮尔·卡丹招牌格外引人注目，它展出的是各式各样的皮尔·卡丹儿童服装系列。

有一位新华社女记者，想为宝贝女儿买几套卡丹儿童服装，可惜展出的服装全为非卖品，年轻的妈妈只好领着女儿失望而归。

一位哈尔滨的皮尔·卡丹的崇拜者，问卡丹童装何时能在东北上市，他说自己是十分推崇卡丹服装的。

两位胸前佩戴"山东艺术学院"校徽的淳朴的男学生说，皮尔·卡丹是他们一代艺术院校学生崇拜的偶像，想请皮尔·卡丹签个字。

无数顾客的热情让皮尔·卡丹先生感动不已，他深情地发出祝愿："我祝愿伟大中国的孩子们在21世纪取得辉煌的成就！"

终于圆了中国梦

皮尔·卡丹以敏锐的眼光开始了在中国的商业活动后，开始从单纯的品牌形象树立到实际商业活动推进，在北京、上海、广州三个最大最具购买力的城市建立起地区总经销制度。

当然在进军中国市场时，他主要考虑的是用什么样的定价策略来打开市场并扩大市场占有率。长期以来，皮尔·卡丹先生倡导非贵族化、大众化的品牌思想，使其在企业发展上取得了成功。

在中国市场上他采取的具体价格策略主要是：先要市场份额，后要市场利润，通过与中国消费者的购买力同步增长的方式使价格水平逐渐接近国际价格水平。

例如，皮尔·卡丹西服在投放中国市场之初采取了低于国际市场的价格，以保持强劲的竞争能力，事实证明了这一价格策略符合中国的国情，因此取得了令人瞩目的成就。

能占领市场的品牌不仅要靠优质的产品，如何把产品高效有序地分配到零售商手中，最终为所购买者消费是营销中一个关键的问题。皮尔·卡丹公司在中国选择了重点城市突破的营销策略，由此产生了辐射效应，取得了重点突破、以点带面的效果。

皮尔·卡丹产品在进入中国市场时，采取了在不同地区选择不同销售渠道，让市场来选择的方式。在北京和广州组建了符合皮尔·卡丹国际标准的专卖店，在上海选择了上海中百一店，以便进行比较，选择适宜的销售渠道。

经过两年多的实际销售，得出为保持皮尔·卡丹商店的服务标准和统一的国际形象，主要采取专卖店的形式。随着精品商场、百货公司和中外合资百货公司的涌现，及时进行了渠道的调整，实行专卖店和百货公司与中外合资店相结合的经营渠道策略，取得了更大的收益。

1993年5月，这一年，是皮尔·卡丹第十八次来中国。

皮尔·卡丹是个性情中人，在友好的气氛中，他说着说着便激动起来：

> 你们都参观了这次博览会，大家都看见了，不少外国的著名设计师都来到了中国，然而20世纪70年代有谁来了呢？我第一个进入了中国，那时的困难你们尽可想象。困难我不怕，关键是花去了我许多时间。
>
> 有一点我要讲明白，我不是为盈利而来，否则，我不会来第二次。这些年，我在中国投资不少，我并未想到把这些钱都收回去。我投的不仅是钱，同时还有一些想法，一些信息。

从56岁至72岁，他在中国开办了好几十家"皮尔·卡丹"产品专卖店，建了两家工厂，两家餐厅，并计划在5年内扩展为400余家商店，此外"皮尔·卡丹"牌皮衣、香水、化妆品、鞋帽、皮具也在中国生产和上市。

因此，在1993年北京国际服装博览会上，面对着无数崇拜他的顾客，面对着记者和众多中国朋友，这位容易动情的服装大师抑制不住内心的激动，他说："我实现了一场梦。"

72岁的皮尔·卡丹先生丝毫不显老迈，仍与50年前那样奔波奋进，年龄对他而言似乎从来不是可以举足不前的理由。

每次到中国，他给人的印象都是那样充满朝气和信心，体现着对中国人民深厚的友爱精神，而且对每个拜访者都是那样和蔼，无论认识还是不认识；也不管是新朋友还是老朋友，皮尔·卡丹先生都有着一颗不同凡人的博大的胸怀。

现在，你只要走进一个比较庄重的场合，几乎是清一色的西装。不论大小城市的街道，流动着的也多为西装的形象与影子。西装，已经完全被中国人民接受了。

中国人穿上了西装，这里边有卡丹的功劳。

卡丹先生在中国的大宗生意是在他首次访华10年后，即1988年从西装开始的。在此之前，他同意大利的著名服装生产厂家GFT集团合作，在天津开设了西服生产厂，生产皮尔·卡丹品牌的符合国际质量标准的服装，面向中国市场。

皮尔·卡丹西服在中国曾被认为是最好的西服，成为成功的企业家的标准装束。很多事情就是这样，你越是详尽规划，企图尽快收回投资，结果却往往未必如意。但是如果你像卡丹先生那样，不以盈利为第一目的，而是首先以友谊、交流和互助了解为重，你的生意就很可能水到渠成，瓜熟蒂落，得到意想不到的结果。

俗话说，有一分耕耘，就有一分收获。皮尔·卡丹先生在中国的成功再一次证明了这一点。

卡丹对中国具有一种常人难以理解的感情。他说："我一直相信中国，从进入中国起从未改变当初的观点。目前中国发展快速极了，这里有着一份海外华人的功劳，尤其是港台地区的华人，他们在内地投下了重金。"

据统计，1994年在中国市场上销售的皮尔·卡丹服装服饰类产品，销售额约为6亿元人民币。直接从事皮尔·卡丹服装生产的企业共有300多家，其中专卖店100多家，百货公司的店中店或专柜200多家。

皮尔·卡丹在中国先后投资了上亿法郎，折合2000万美元，他的名字在中国家喻户晓、妇孺皆知，皮尔·卡丹品牌的知名度也是与日俱增，这却是多少钱都难以买到的！

皮尔·卡丹开拓中国市场，当时有人说他是疯子，把钱往水里扔。他们并不知道，远见卓识，长线投资，正是卡丹成功的一个秘诀。

卡丹先生对中国怀有深厚的感情，他几乎每年都要来中国一次。

很多中国人把巴黎称作时装之都，皮尔·卡丹先生则说，巴黎不仅是巴黎人的舞台，也是世界天才设计师展示才华的舞台，他希望，在百姓着装已很国际化的中国，不久的将来，也能有世界一流的设计师在巴黎展示中国的顶级服饰。

中西方的文化使者

皮尔·卡丹·与中国的情缘

1994年4月26日，皮尔·卡丹第二十次踏上了中国的土地。

下午1时，皮尔·卡丹一行乘坐中国民航的飞机从巴黎飞抵北京。前去迎接的是法国皮尔·卡丹公司中国首席代表宋怀佳女士和先行到达的童装部经理郑思禔小姐等数人。当然，还有更多知情的人士希望到机场去欢迎这位中国人民的老朋友、联合国教科文组织的名誉大使，但他们未能如愿。

皮尔·卡丹从海关走了出来，虽然经历了长距离的空中飞行，依然神采奕奕，一双智慧的眼睛还是炯炯有神，步履依旧那么轻捷。他以前曾说过，每次飞中国，如同一只归巢的小鸟。

世界上很少有哪位伟人、名人20次来中国的，唯有皮尔·卡丹。然而这并不是终点，从某种意义上说，这只不过是另一个层次上的起点，在以后的日子里，他又多次来到这块深情的土地。皮尔·卡丹的中国情结，足以写进未来的历史。

700多年前，他的意大利前辈同乡马可·波罗来到中国，在元朝担任官职7年，并游历中国各地；当今的皮尔·卡丹几十次来华，同样会被传为佳话。历史不会重演，但往往有惊人的相似之处，相距700多年的两位意大利人都出生在水乡威尼斯。这种历史的巧合，让人怀疑皮尔·卡丹莫非就是马可·波罗的再生？

4月末的北京万物复苏，美景如画。以往，这个季节多风，而且夹有沙土黄尘，吹得路上的行人睁不开眼睛，脚踏车改为手推，女人的头上还要包一层纱巾。而这一年，气候偏暖，虽然早晚有凉风吹过，但这是春天的尾巴，它会带来夏季万物的繁荣。

长安街两边，白杨树鲜嫩的叶子在微风中摇曳，好像在对来来往往的游人致意；王府井大街，人们熙熙攘攘，朴实的北方槐树也吐出了一身稀疏的圆圆的嫩叶，似有羞涩，想早日成为浓郁的树冠，为进京的外地人遮阴。

在这明媚的春光里，从皮尔·卡丹下榻的北京国际饭店16楼望出去，一块不大的绿草坪上，一位老爷爷与一位刚刚学会走路的幼童在踢足球，这老少一对，竟玩得那么协调开心。古老的、现代的、年老的、年幼的，在蓝天下的春风里，找到了共同的交流点。

4月26日下午15时，皮尔·卡丹走进了"'94中国国际服装服饰博览会"。他步履匆匆，从国贸大厦西楼的马克西姆餐厅走到展览大厅时不到5分钟。只有这短暂的时间，他才获得了一点清静，没有记者与崇拜者们的包围，只有宋女士一人陪同，而且各迈其步，并未交谈。

遇如此良机，他本该放慢步伐，尽量放松一下紧张的神经。但他天生就是一个急性人，什么事都讲求速度，使得宋女士都快跟不上了。半小时后等他从展览厅出来，形势剧变，既然已亮相，观众们便跟了出来，形成一个包围圈，他走一步，圈子便向前移动一点，而且圈子越来越大，同样的一段过道与走廊，回程却是步步艰难，竟用了几十分钟。

在1993年的博览会上，大会邀请了西方3位服装设计大师赴京，除皮尔·卡丹外，还有瓦伦蒂诺夫妇和费雷，他们3人同时受到江泽民的接见。不知是什么原因，1994年只邀请了皮尔·卡丹一人，因此便形成了一花独放的局面。当然也有不少设计师云集北京，但有此殊荣的，并不太多。

每届服装博览会，皮尔·卡丹总要带来一个时装队，进行一场时装表演。

1993年名人多，场次多，崇拜者得到的机会多。而这一次，皮尔·

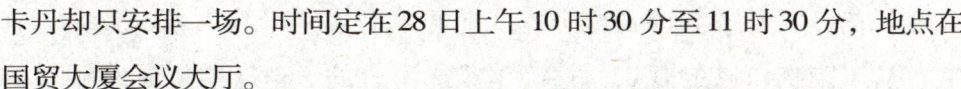

卡丹却只安排一场。时间定在 28 日上午 10 时 30 分至 11 时 30 分，地点在国贸大厦会议大厅。

为了接受记者采访，皮尔·卡丹提前半小时入场，正对 T 台而坐，与观众握手、言谈、合影。几百个入场的幸运儿几乎全部站了起来，不看时装模特，而是看这位年逾古稀的灰发老人。

皮尔·卡丹一直对宝岛台湾情有独钟。他在台北市天母西路也开设了一家精品店。此店地处大都市的黄金口岸，内部装饰既朴实又典雅高贵。每天店里的顾客都络绎不绝，生意非常好。

天母西路精品店林立，是台北市服饰的天堂，各种款式、各种风格的世界品牌应有尽有，令人眼花缭乱，目不暇接。整条街并不太长，只有短短的 1000 米，但却令消费者在时装流行尖端、在最新的流行时装中徜徉，惊讶喜悦而无法抑制。

由于这里是世界著名品牌的必争之地，为了克敌制胜，天母西路的名店大都独树一帜，各具风格。在此开设时装店的品牌来自法国、日本、美国、意大利、英国等国，品质绝对一流，款式绝对新潮，因而吸引了大批的顾客，许多顾客常常驱车或漫步前来选购。

由于品牌集中，若竞争能力不够，很快就会被淘汰。皮尔·卡丹专卖店设立于此地，更使竞争趋于白热化。PC 品牌以其不可抗拒的魅力深深地吸引了台北的顾客。每日销售量总是高于其他名店，名列前茅，令各种竞争者羡慕得要死。

皮尔·卡丹不单纯是在台湾开店赚钱，对于海峡两岸的关系，他也有深刻的见地。皮尔·卡丹曾说过："对我来说，内地人、台湾人、香港人都是中国人，但内地将会走得更快，因为有许多内地以外的中国人都帮着发展，包括过去离开内地的人，今日也争着把资金向内地投送。此外，内地制作技术学得快，劳动力、原材料便宜，这就容易超过香港和台湾，成为世界上最大的市场。"

此番言谈对于一个西方人来说，实在不容易，没有深刻的理解和充分的信任，是不会讲到这个程度上的。皮尔·卡丹大方、直率、真实，从不隐瞒自己的观点，这确是难能可贵的。对于有些别有用心的西方记者对中国的非难，他说："我向中国投资，开办实业，由此带给了不少中国人工作的机会，仅天津一家工厂便有上千名雇员。"

皮尔·卡丹还向来访的记者表达了真挚的祝愿，他衷心希望内地和台湾海峡两岸早日统一。无论在台湾设店，还是在内地设店，均源于他的那颗"中国时装心"，想让更多的中国人领略他的时装风采。

他那解不开的中国情结，深深地影响着他在五洲的商业活动。如今，内地和台湾地区已成了他手里的两张王牌"执照"。

服装界的东方霸主

皮尔·卡丹·与中国的情缘

1994年5月"'94中国国际服装服饰博览会"再一次证明了皮尔·卡丹服装的强劲实力。

有13个国家和地区参展,海外企业展位300多个。其中,中国香港地区独占78家。意大利以70家参展身居其后。在意大利举行的"'94米兰秋冬季时装展",以其新颖独特的设计和超大型的规模,再次向世界显示了这个欧洲时装大国的实力。

排在中国香港、意大利后面的依次为日本、法国、美国、韩国、西班牙、中国澳门、菲律宾、德国、奥地利等12个国家或地区的182家公司。

通常意义上,一名成功的服装设计师应具备以下3个条件:有知名度;有具体经济收益;有设计能力。皮尔·卡丹可说是三项具备而且实力超人。在这届大会上他独树一帜,先入为主,充分发挥了在中国多家公司的优势,气势恢宏的"卡丹村"的设立,为其在中国发展庞大"霸业"奠定了扎实的根基。

盛会推出了"中国94—95秋冬服装流行趋势"预测,综合了欧洲流行情报,同时又分析中国国情,归纳出"欧洲联想""超前阶层"和"东土神界"3个主题。

那修长经典的造型,高贵雅致的风貌,显示出以往欧洲时装的影子以及岁月流动的印迹,让你禁不住心驰神往。自然轻便的外观,粗犷超越的风貌,现代城市新便装的活力,含蓄、素雅的观感,东方独具的色调,表现出特有的新鲜感和现代精神,让每一个置身其中的人都会产生一种物我合一的情怀。

在"欧洲联想"中，那古老的宫殿引发出人们怀旧的思维，岁月流逝，但雅致的风貌犹存，欧洲风格永远像一位成熟深沉的老者，虽历经沧桑却永远给人以启迪。

"超前阶层"更多展出了一种现代情怀。带有朴实感的风格，使工装和便装在朴素中透发着现代的美。不事雕琢的自然外观，加上随意表现任意组合的搭配手法，显得自然而轻松。

"东土神界"的灵感来源于黄瓦的皇宫及中国传统服饰的局部特色，整个氛围透出含蓄、素雅的意境，天坛又表现着东方的神秘，含蓄深奥，华而不艳，既朴素又不失高贵。

当今世界服装大潮，表现"大自然"是主流和主旋律。时装晚会又往往是表现这种主旋律的"重头戏"。1994年在天坛表演的"世纪风"时装晚会就曾令所有参观者为之倾倒。皮尔·卡丹当场就盛赞它为"一场梦"。

1995年，"风从东方来"时装晚会顺应时代大潮，使那场华丽的"时装之梦"得以重现并且预示了东方时装巨龙将领导未来世界的服饰风尚，正如世界服装设计大师费雷先生讲过的："中国将在下个10年独领风骚。"

"皮尔·卡丹"品牌在盛会上进行了专场表演，展出了多种皮尔·卡丹设计的服装。皮尔·卡丹此次的设计以"平民化"为主，注重朴实而实用。本届大会皮尔·卡丹的作品，写意与写实风格并重，既有未来派作品，又同时是中国人实际需要的衣着。

他一如既往支持中国服装业的改革开放，中国服装未来的发展似乎与皮尔·卡丹的名字联系在一起。在中国举行的每年一次的国际服装盛会上，他是从不缺席的。如不来，人们的感情上不能接受，所以，他又来了。

此次盛会，皮尔·卡丹的设计更加老练成熟，他还将再次掀起一股撩人的服装旋风，而且，会一直刮进21世纪。作为艺术家与企业

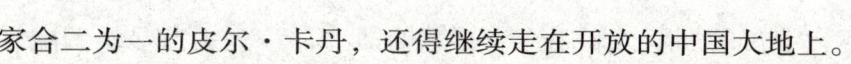

家合二为一的皮尔·卡丹，还得继续走在开放的中国大地上。

皮尔·卡丹是个随和好客的人，随着他在中国的时装业务不断扩大，他在中国结识的朋友也越来越多，他的朋友中有名流精英，也有普通百姓。

他热爱中国这片古老的沃土，他也喜欢结交不同阶层的中国人，了解他们，和他们共同度过在中国的美好时光。为感谢在华的各位代理，皮尔·卡丹在北京国贸西楼的"马克西姆"餐厅组织了一场别开生面的晚宴。

当年，也是在这间客厅，皮尔·卡丹举行了新闻发布会，向中外几十名记者宣布"皮尔·卡丹"童装从此进入了中国。现在皮尔·卡丹在华的代理商纷纷收到了一份印刷精美的邀请函。他要在此宴请持有PC商标的代理人，"马克西姆"这间洋溢着欧洲风味的餐厅，成了皮尔·卡丹与中国人交往的最佳地点。

宴会桌摆成了马蹄形，皮尔·卡丹座位正对着一个小舞台，上面摆着一架钢琴。中间的三四十平方米空地，用来进行小型节目演出。正座背后，以屏风相隔，坐着几十位皮尔·卡丹特意请来的名人和艺术家。代理商们被安排在马蹄形拐角处内侧坐定，与皮尔·卡丹斜对面。

20时，皮尔·卡丹起身为大家致辞："我们都在为'皮尔·卡丹'工作，包括我自己，这是在座诸位共同的责任与使命。当年我在欧洲开创这块牌子的时候，曾经历过千辛万苦，后来，我成功了。几十年后的今天，你们在不同的城市、不同的职位上为此工作，当然，一定会遇到许多困难，我想，你只要想干、肯干，什么困难都能克服，中国人民吃苦耐劳的传统美德闻名世界，祝诸位成功。"

这简短精练的致辞，表达出皮尔·卡丹的殷切希望及热情鼓舞。当然，同皮尔·卡丹一样，在座的人都盼望有后来者，谁也不愿后继无人。

皮尔·卡丹的那双大眼睛充满智慧的活力，一头银发显示着他的阅历与非凡。身穿深色西装，内配小格衬衫，黑底暗白花的领带，整个人显得活力充沛，决无一点老气。

皮尔·卡丹的话刚完，一场精彩的表演开始了。

一位中等身材、五官端正、大脸盘、看上去有点温文尔雅的青年提着一把小提琴走上舞台，他的技艺无比娴熟，十分优雅地为大家演奏了一支曾在国际大赛中获金奖的曲子。

大家听得出了神，整个大厅除了如泣如诉或激昂跳动的琴声外，再也听不到其他的声音。从众人的表情中可以判断，琴声征服和带走了人们的心。演奏者已停许久，大家才回过神，随之报以尤为热烈的掌声。

接下来中央芭蕾舞团的一位著名演员的一段即兴独舞，以其精湛高超的表演，令人大饱眼福。来自欧洲的皮尔·卡丹，面对眼前如此美妙的舞蹈，也不由得陶醉了。

因为次日清晨皮尔·卡丹将去四川，所以在贵宾中有两位四川朋友，一位是作家，并有专著问世，数次获省级文学奖；另一位是藏族同胞，来自世界级风景区九寨沟附近的黄龙寺。

这位藏族同胞首先出场。他的表情是从容的，只见他两手托着一条长长的洁白的哈达，到了马蹄形宴会桌中间，首先向卡丹先生深施一个藏礼，随后说了句藏语："扎西德勒！"

然后，他挥舞起哈达，旋即跳起藏舞，宴会的气氛也随之变得欢快起来。

皮尔·卡丹带头站立鼓掌。藏族同胞走上前，把自己心爱的哈达献给了皮尔·卡丹，并挂在这位艺术大师的脖子上。

皮尔·卡丹非常高兴，整个晚上都把那条哈达披在自己的肩上。他不仅仅是喜欢这条哈达，也是对生活在世界屋脊的 100 多万藏族同胞的一片心意。

难忘的蓉城之恋

1994年4月,广袤的川西平原春意盎然。

中国大西南的中心城市成都,一个消息遍及蓉城的大街小巷,72岁的时装大师皮尔·卡丹将第二十次访华,并将带队伍亲临成都,举办世界级水平的时装展示会,同时进行一次重要的经贸活动。

皮尔·卡丹,一个如雷贯耳的名字,一个充满传奇色彩的人物,一个勇往直前而又平易近人的世界服装英雄。他的到来,无疑会使整个蓉城披上一层绚丽多姿的色彩。

皮尔·卡丹要到四川的消息一传开,国内凡是与PC业务有关的人们无不感到诧异,专门生产PC西装的津达厂销售及市场负责人也提出这样的疑问:"他为什么要到成都去,而不到广州、大连或哈尔滨?那里不是比这里拥有更广阔的市场吗?"

按原来的计划,皮尔·卡丹在30日下午和晚上举行两场时装表演。至28日晚,在马克西姆餐厅举行的晚会上,皮尔·卡丹与郑思褆临时决定在时装表演中增加童装表演。

这可难办了,郑思褆又把组织这一项目的任务全落在皮尔·卡丹在广州的负责人李存修先生身上。卡丹是个怪老头,他的坏脾气往往就表现在他是说一不二的。然而时间只剩了一天半,在这么短的时间内要组织一个儿童时装模特队,还要进行一番上台前的快速特殊训练,谈何容易!

28日清晨,中国国际航空公司的1405航班,B-2532号波音客机早在等候。航班表上的起飞时间是8时50分。此次成都之行共50余人,分3个航班,乘第一班的有皮尔·卡丹、宋女士等数十人。

皮尔·卡丹等人因故晚去机场。上帝保佑，飞机一直在那里等着。为了这10多个人，飞机推迟了20分钟起飞。应该说，皮尔·卡丹一行受到了前所未有的礼遇。

随行人员有：法语翻译赵民华、宋怀佳及助手刘德山、与卡丹合作了40年的日籍高田美女士、圣·布里斯先生等12人。

北京至成都空中距离为1680千米，飞行时间为两小时。

飞机终于起飞了，一切顺利。宋怀佳女士心上的一块石头总算落了下来。她靠在座椅上开始了对往日的回忆。

皮尔·卡丹先生是位真正的奇才，他是位艺术家，所追求的主要还是艺术。他把北京的马克西姆餐厅全盘交与她管理经营，赔或赚，老先生从不过问也不计较。

宋怀佳女士为皮尔·卡丹对她的信任充满了感激之情。此时，老先生当日下午在成都的活动日程，都在她脑子里安排好了。

飞机沿着航道从成都双流机场的上空飞过，然后掉转机头，从南向北下滑，稳稳当当地停在了成都双流机场。皮尔·卡丹一行最后走下飞机，他一下飞机，就看到"欢迎皮尔·卡丹先生"的横幅，卡丹先生脸上露出了宽慰的笑容。

可是没想到，一入成都便遇上了麻烦。

从巴黎带来的几百套高级演出时装，虽同机到达双流机场，人走之后，行李却在海关卡住了。幸好北京海关还专门跟来了两位官员，要不，还不知这些时装要滞留多久。

皮尔·卡丹也心急如焚，随行人员劝他先到餐厅用餐，老头儿却来了犟脾气，就是不进餐厅，一定要等到全部服装到齐后，待他换好衣服，才肯去。但过了好久，行李还是未被"释放"。皮尔·卡丹的第一批人员已到两小时，第二批人员也到了，大家聚集在门口，焦急地等待着。

就在这时，又有消息传来：运行李的卡车被截在城外，成都的交管人员认真负责,忠于职守,不让卡车白天入城。后来是宾馆派出车,在城外换了车,行李才终于得以进城。焦急等待的人们这才放下心来。日程被迫推迟两小时。

他们去的东府幼儿园地处深巷。古旧的平房,幽静的院落,一路古蓉城的淳朴民风。在一条窄巷边,4位赤膊老人手里摇着大扇子,喝着天府特有的盖碗茶,正在聚精会神地下棋,旁边还站有数人观阵。布里斯和玛丽丝叫停车,上去拍了几张照,对弈者并未发现。

走进东府幼儿园深深的门洞,立即有20位小朋友像小麻雀一样叽叽喳喳蹦跳而来,齐声冲着皮尔·卡丹一行人喊:"皮尔·卡丹爷爷好!"

那天天气很好,是多雾的蓉城难得的一个大晴天,大家都站在四周的避阴里,只剩皮尔·卡丹和一群孩子们站在中间,他脸上已开始流汗,但又不能躲在一边的阴凉处。因为这个慈祥的老人不想让孩子们扫兴。

阿姨叫20位小朋友围着卡丹走路、跑步、跳舞。好让皮尔·卡丹选择8位小朋友次日上台演出,皮尔·卡丹认真观察,然后伸出大手,从中指出了8位,阿姨一一做了记录。世界大师进幼儿园点兵,无疑为这些小朋友增加了童年时代的光彩。

小朋友们清一色白鞋白袜红脸蛋,跳跳闹闹,无比可爱。皮尔·卡丹摸摸这个小脑袋瓜,

看看那个身上穿的童装衣料,连他自己也兴奋得像个孩子了。

离开东府幼儿园,皮尔·卡丹一行便驶向成都友谊广场,此地原为友谊商店,如今改建为现代化的商场贸易大楼,改为友谊广场,里面有一间新开张的"皮尔·卡丹"专营店。

PC入川已有3年多的时间,最早是1993年3月,在人民南路的花园商场二楼,中国大西南的首家PC专营店正式开业,这是继北京、广州、沈阳、佛山之后,中国开设的第五家PC专营店。

1994年4月,成都饭店又开了一处,这一次就在皮尔·卡丹先生抵达的当日,第三家专营店开门营业,以特殊的方式表达了对这位老人的欢迎。

这是一家崭新的专营店。为迎接皮尔·卡丹,他们几乎忙碌了一个通夜。货物架上的薄料PC西装,是上午刚从机场拉回,匆忙挂上去的。那些板架、衣橱所散发出的木质的清香,让人置身其间,就有一种温暖的感觉。

皮尔·卡丹独自在这家约60平方米的专营店里巡视一周,脸上流露出十分满意的神色。

店主人还别出心裁,将皮尔·卡丹自己挺得意的一张灯箱广告片挂在正对门的墙上,一方面作为一种醒目显眼的招牌;一方面也给人一种亲切感。老头子站在那里自我端详了好一会儿,不住地点头。

他是个有板有眼的人,一见店中间的玻璃货柜中空了一个位置,便立即指着空处问:"这是怎么回事?"

店主人解释:"原订的货未能按时到成都,货到之后随时补上。"卡丹先生微微点头。

PC专营店遍布世界各地,皮尔·卡丹先生也几欲成为"世界公民",并且为众多PC崇拜者顶礼膜拜。而皮尔·卡丹本人,则更像是一位辛苦劳作的园丁,他用自己的辛劳与汗水呵护着他心爱的PC园地。

1994年4月30日下午16时许，成都锦江宾馆南九楼国际会议厅内的记者见面会上，皮尔·卡丹面对记者，发表激情澎湃的演说。

现在世界上，直接与间接为服装业工作的有10亿人，这是一个多么可观的数字。缩小或减少服装业就意味着失业。

时装，是一种文化现象。如果让一个人赤身裸体站在沙漠里，你从他身上什么也看不出来；通过服装，便可清楚地了解他的时代、国家和地区。依靠服装还可以表现电影中各种人物的背景、职业、个性。时装是一个人内心世界的表现，是对一个人心灵的透视。

时装为艺术家提供了充分的创作机会与园地，如果人类是清一色的牛仔裤，那是对艺术的扼杀。

平等是好的，但如果完全平等，也就扼杀了人的价值。

每年，我围着地球转两至三圈，传递和散布着一个信念：人类在饱腹之后，则就是对服装的需求。

我为皮尔·卡丹这个名字，辛辛苦苦花了45年心血。有名的香烟与无名的香烟，即便质量完全一样，价格也绝不会一样。

比如茶叶，无论你标上美国花茶或欧洲花茶，都比不上中国花茶值钱。如果无"可口可乐"这个商标，我看不会有人掏钱出来买着喝。

我的名字，一年两次被确认。

关于开拓与发展，第一步应先站稳脚，然后才能赢得和占领市场。亚洲的纺织服装业已发展起来，除日外，中国内地与香港地区的产品也行销全世界。

如果你们能参观一次国际时装展示会，可以发现，我是为未来设计的。服装业与朝代，是变化与延续的关系，以至到永远的时代。

每一位搞艺术的，如果只跟别人走，那不是创造家，而只算是位模仿家。只有被别人抄袭的人，才是一个真正的艺术家。

我本人对色彩有偏好，有好感，但又不是一成不变，时代变了，一切都会变。我为的是要保持皮尔·卡丹的特色。

世界上搞服装的，不止我一人，比较有名气的就有30多个，你搞你的，我搞我的，虽不排除相互影响和交流，但各有各的风格。

中国的服装已发生了很大变化，还正在变化之中。以前全为中式制服，消费者也只能多买一件换洗的衣服，现在越来越趋向多样化。我刚到这里才几小时，见姑娘小伙穿的与北京差不多，仍缺乏创新。诸位记者，从你们的服饰，我很难看出你们的爱好、性格和背景。

中国与印度加起来有世界人口一半，在这里服装业有着广泛前途与巨大市场，但拯救服装业的灵丹妙药却是艺术创作。如果服装业停了，说不定将有半数人口要失业。

我初次来四川，受到你们如此热烈的欢迎，我不想让大家失望。我讲的只是一种设想和构思，独家之言，并不代表其他的服装设计师和所有的欧美人。

我与中国，包括香港与台湾，一共签了27项代理合同。有男装、女装、领带、针织品、皮具、裘皮、童装、儿童用品等。中国人可充分利用丰富的原材料及自身的聪明才智，在时装领域里将大有作为，并逐步占领国际市场。

四川是个很有名的地方，这里的人有着独特的性格与习惯，能在这样的地方展示我的时装，我感到满意和高兴。

皮尔·卡丹·与中国的情缘

有记者问:"皮尔·卡丹先生,您进中国已有18个年头,请问您到过中国什么地方?"

他微微一笑,轻轻耸一耸肩,说:"讲起来我惭愧,中国人民把我称作老朋友,其实我只到过北京、天津、上海、桂林四地,成都是我到的第一省会。"

"您来到四川有什么想法?"

"邓小平先生的故乡就是四川,昨晚他的女儿又来参加我的晚宴。这次省长特意邀请我来,当然很高兴。"他稍稍停顿了一下,然后风趣地说:"听说四川人都很能吃辣子,说话都带辣味,这和法国人相似,我非常喜欢,它说明我和四川有缘,这也预示着'皮尔·卡丹'会在四川成功。"

他的话一停,便爆发出雷鸣般的掌声。

四川作为中国的一个旅游大省,旅游资源十分丰富,中国第一档次的风景名胜点四川省足足占了1/5。

九寨沟、峨眉山、乐山大佛透出大气与自然的鬼斧神工之妙,杜甫草堂、武侯祠和王建墓体现出四川浓郁的人文特质,可是,皮尔·卡丹只有半天的旅游时间,他们一行参观了比较有代表性的旅游景点青城山与都江堰。

车先开往青城山。

青城山,位于都江堰市西南15千米,海拔1600米,在国内享有"青城天下幽"之誉。山中峰峦叠嶂,古树参天,到处是奇花异草。青城山,即使盛夏,树林间也是清凉幽静,全无暑气之威。极顶处,可观日出、云海及圣灯,又可远看东方万顷平原、滚滚长江,为西蜀游览避暑胜地。

皮尔·卡丹虽已年过七旬,但依然精力充沛,腿脚利落地爬山,连随行的年轻人也自叹弗如。

路边，有当地人出卖大花瓶形状的盆景，一米多高。乍一看，跟真的一样。皮尔·卡丹停住了脚步，凑过去细看究竟，一再点头，惊叹民间艺术的精妙，还遗憾地说："要不是太大，我一定带一盆回巴黎，放在自己家中。"

皮尔·卡丹越游兴致越浓，渐渐地和随行人员拉开了距离，等皮尔·卡丹从山上下来，脸上透出越发兴奋的神情，随行人员发现老头的胸前增加了两件饰物，近前一看，原来是用野草编的蚱蜢和蝈蝈，形象逼真，小巧可爱。两只小东西则跳来蹦去，老头也高兴地笑着，像个孩子。

卡丹从来穿着简洁，上面很少点缀饰物。这次来青城山，他却为自己戴上如此特别的饰物，可见老先生的心永远是年轻的。

有单位打过招呼：卡丹已搞过新闻发布会，其余时间记者就不要采访了，免得影响老人家的正常工作。所以，虽然四川电视台跟来了3位记者，也只能拍点外景、远景。

记者聪明，直接采访不行，就采取迂回战术。他们通过随行中国代理拦住了两位巴黎来的男模特。两位法国洋小伙好奇，买了两顶黑瓜皮帽戴在头上，帽后还挂一条辫子，引得旁边所有的游客都停下来看热闹。

电视机镜头直对着他们俩，随行的中国代理也被迫进入镜头，临时充当了翻译。节目主持手拿话筒在青城山的石径上讲起了开场白："观众同志们，你们好！我们是四川电视台黄金十频道专题节目组，跟着皮尔·卡丹先生上了青城山，站在我身旁的是卡丹公司的两位世界超级模特儿。"

"请问您今年多大？"

"24岁。"

"你是否喜欢时装模特儿这种职业？"

"非常喜欢。"

"你初来四川有何印象?"

两人异口同声答道:"四川姑娘很漂亮。"

"你有无女朋友?"

两人愣了,直摇头。随行翻译把话解释了一遍。

"在中国还是在法国?什么样的女朋友?"

"你未婚妻似的女朋友。"

"还没有,还没有。"

这样的小型采访竟也成了这次拍摄的小插曲。这次旅游的重点还是都江堰水利工程。

四川之所以被称为"天府之国",就是因为有都江堰;川西平原几千年来"水旱从人,不知饥馑"的富足状况,也是因为有了都江堰。这个都江堰为何有如此神力?

2250年前,秦国郡守李冰总结了前人治水的经验,主持修成了这座既具民族特色,又有划时代意义的水利工程。包括以"分鱼嘴""飞沙堰""宝瓶口"有机组成的渠首工程和庞大的渠系工程。灌溉面积已从新中国成立前的300万亩,发展到今天的1003万亩。

1994年4月5日,历史上最隆重古老神秘的放水仪式,在四川省政府与水利部的主持下在此举行,10多位身着古装的砍缆工斧落绳断,岷江水咆哮奔腾狂泻而下,向川西平原的千里沃野流去。

配有英语解说的科教片《都江堰》,让几位欧洲客人对这座水利工程有了全面的了解。走出电影放映室,随行的李存修不无感慨地对皮尔·卡丹说:"今天的皮尔·卡丹先生来参观李冰建造的水利工程,可惜2000年前的郡守李冰不能穿到您设计的服装了。"

卡丹突然停下脚步,若有所思,他说:"这就是历史,我们都会变成历史人物,不过,李冰是位伟大的历史人物,在那时,人们最重要的是吃饭和生活保障。"

现在,原来的平台上建起了一座高大的古式建筑,分两层,名为

"秦观楼"。

秦观楼内,视野开阔,凉风阵阵,令游人也不觉神清气爽,看脚下岷江流水,观远处都江堰工程雄姿,皮尔·卡丹不禁思绪万千,大发感慨:"我早就从中国飞檐翘壁的古建筑艺术中受到过启迪,产生过灵感,并使这种灵感进入了我的时装设计。

"都江堰,又给了我一种新的感悟:这是一项伟大的水利工程,同时又是一件高超的水利艺术作品。你们看,它自然、流畅、无造作,一切顺其自然,利用大自然自身的规律,完成了这部历史大作,李冰真是位了不起的东方艺术家。"

后人对李冰的评价很多。皮尔·卡丹将其视为艺术家,这在以前倒是绝无仅有的。

离开风景如画的青城山,离开带给卡丹先生无限灵感的都江堰,皮尔·卡丹一行又来到了位于成都北郊昭觉寺旁的大熊猫繁殖的驯养基地,这是世界上唯一的一处人工繁殖场所,虽短短几年,但已成功地人工培育出数只大熊猫。

皮尔·卡丹参观后赞不绝口,他高兴地向陪同人员说:"大熊猫在地球上不会灭绝了。"

巴蜀的美景令皮尔·卡丹心旷神怡,而他在巴蜀首府成都举行的皮尔·卡丹时装展示更令蓉城观众惊慕不已。

更值得一提的是,皮尔·卡丹这个马克西姆品牌的持有人、世界著名时装设计大师、联合国教科文组织名誉大师,还与四川省经济贸易发展中心合作,建立了四川-巴黎马克西姆食品饮料有限公司,全力开拓中国市场,并在中国地区独家开发及销售世界名牌——马克西姆系列产品。

在服装节上打假

2001年8月末，第三届江苏国际服装节在南京开幕，白发苍苍精神矍铄的欧洲老人——皮尔·卡丹应邀而来。

8月28日，已79岁高龄、享誉世界的皮尔·卡丹先生，满面春风地出现在南京丁山香格里拉酒店。刚下飞机的卡丹先生，未及到宾馆休息，就先一步来到了服装节开幕前的记者见面会现场，与记者进行了面对面的交流。

南京之行已是卡丹先生第二十七次到中国。多年来许多次的中国之行不仅让他看到了中国的古老文化，更看到了中国改革开放之后的成长与活力，也为他提供了后半生最大的商机。

他初到中国时，中国人都统一穿着蓝制服，对时装几乎没有概念，随着改革开放的不断深入，中国的服装从设计，到生产、宣传、销售、消费，每天都在发生巨大变化。

卡丹先生认为如今中国普通人的穿着已非常国际化，他还风趣地现场举例："就说你们，与我见面的记者，如果你不说中国话，我很可能就以为你们是来自于世界上的某一个其他国家的华裔。这种穿着兴趣表现在极具个性的款式上，而且还反映在着装人的精神面貌上，看上去人人都那么自信，就是服饰与人的感觉的最好的融合。"

对此，卡丹先生自己的评价是：就像你们记者写稿子，稿子发表后，你是希望仅有一小群人欣赏还是希望得到更多大众的认可？显然，掌声多多益善。做服装也一样。

"我年轻时的理想就是让很多人能够接受自己的服装，为百姓服务，服装的平民化正是我的追求。"他说，他从意大利独闯巴黎取得成功后，曾一度为服装的过于时装化苦恼过，就是考虑到了大多数人的需求，它才有了更广阔的舞台与市场。

他说，他这次为江苏服装节带来的120套服装，依然体现了时装平民化的理念，希望南京观众能喜欢。在结束与记者的交流前，卡丹先生欣然提笔，为《扬子晚报》读者题词"表达我的忠实友谊"。

皮尔·卡丹此次中国行也遇到了令他不愉快的事情，在8月30日的服装大会上，世界著名设计大师皮尔·卡丹发怒了。他在江苏国际服装节交易会展厅看到一间展位竟然公然销售假冒的皮尔·卡丹男裤，他当场"拆穿西洋镜"。

8月30日上午服装节开幕式后，皮尔·卡丹在其中国首席代表宋怀佳女士的陪同下，正饶有兴趣地参观展馆中琳琅满目的展品。突然，宋女士发现不远处一家名为意大利皮尔·卡丹（香港）国际有限公司·中国广州皮尔世家发展有限公司的展台正销售皮尔·卡丹男裤。

"假货！"宋女士一声惊叫，皮尔·卡丹先生也迅即跟了过去。卡丹指着该公司的展板郑重确认："他们没有经过我们的授权！"然后扔下制作粗糙的卖品拂袖而去。

露出马脚的卖主辩称，广州皮尔世家与"皮尔·卡丹"不是一回事："我们的商标的'P'字和他们商标的'P'字的字体样式有区别。"他好像还一肚子委屈。

而皮尔·卡丹的翻译则说，他们早知道这家所谓的意大利皮尔·卡丹（香港）国际有限公司先在香港注册，后在内地开工生产，并在内地设个总经销，销售"皮尔世家"的产品。

"皮尔·卡丹"公司很快对香港这家公司提起诉讼，这家公司却利用此类诉讼周期较长的空当，到处销售假货。为此，卡丹先生特意求助于《扬子晚报》编辑部。

8月30日中午11时，皮尔·卡丹这位享誉世界的老人在去机场

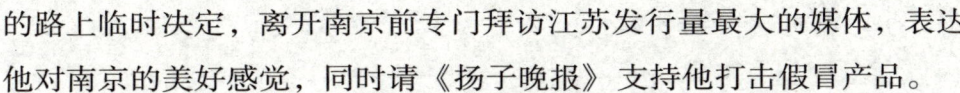

的路上临时决定，离开南京前专门拜访江苏发行量最大的媒体，表达他对南京的美好感觉，同时请《扬子晚报》支持他打击假冒产品。

皮尔·卡丹先生一见到《扬子晚报》总编辑朱铭佐先生，就拉着朱总编的手说，他十分感谢《扬子晚报》，在他来南京的第二天就在《扬子晚报》上向读者转达了他对中国人民的友好情谊，非常及时，非常好，他要将《扬子晚报》带回去好好珍藏。

他说，他是第二十七次来中国，第一次来南京，南京姑娘有娇美的容颜与自然的披肩长发，非常美，把他的服装展示得很好。他说，南京的服装节水平之高出乎他意料，波司登、雅鹿等企业展台布置得非常现代，这些企业的服装完全有实力叫响国际市场。

随后，卡丹先生话锋一转，对朱铭佐恳切地说，他希望《扬子晚报》支持他打击假冒产品。

他了解到，销售假货的公司是在香港注册的，叫"意大利皮尔·卡丹国际有限公司"。卡丹先生的高级顾问赵先生说，皮尔·卡丹这个品牌倾注了卡丹先生50多年的心血与情感，现在全世界130多个国家生产和销售，拥有400多个商标代理合同，都由卡丹先生直接策划指挥，以保证品质。假冒产品的侵权行为，损害了皮尔·卡丹的形象。他说，南京之行使卡丹先生有着许多感受，临行前，卡丹先生特意请组委会安排，到享有盛誉的《扬子晚报》一吐心声。

为了让这位远方的来客放心，总编辑朱铭佐说，中国将要"入世"，整顿市场经济秩序是政府和全社会都十分重视的一项重要工作，作为具有广泛影响的《扬子晚报》，有义务公正客观地报道事实真相，保护名牌产品不受侵害，《扬子晚报》将发挥强势媒体的作用，支持卡丹先生打假。朱总编还特别感谢卡丹先生对增进各国文化交流与友谊所作的努力与贡献，感谢他对本报的信任与青睐。

掀起浪漫冲击波

"模特",当今的中国人对这个时髦而富有魅力的字眼是绝不陌生的,相信有不少人听到这两个字,还可以列出陈娟红、叶继红、彭莉、瞿颖、刘莉、石凯等名模的芳名。模特表演以更加强劲的冲击波,掀起一场接一场的霓裳风景。

中国模特如今已走出国门,走向世界。然而,又有多少人知道,他们经历了怎样的艰难崎岖才走到今天这一步。

20世纪70年代的最后一个春天,皮尔·卡丹的金发碧眼女模让中国人首次领略了时装的魅力,而当时回敬皮尔·卡丹的却是一个"内部观摩"的"冷板凳"。

1979年3月,东北大地乍暖还寒,中国共产党十一届三中全会刚刚开过不久,放眼中国的大街小巷,到处都是一片"蓝海洋",不论男女老少,灰黑蓝成为主流色彩,衣服样式也并无多少变化。

然而,细心的中国人不难发现,爱美的姑娘们的粉红色纱巾或灰蓝色罩衣下不时露出的花布内袄,向世界昭示着中国时装的春天就要来临了。

这个春天的信息向皮尔·卡丹预示了古老大地的新生。皮尔·卡丹一向高瞻远瞩、运筹帷幄,他看好中国这个潜在的巨大市场,于是才在中国的古都北京举办一系列时装作品展示会。

他要借助中国给他带来的"春风",让PC品牌这枝春花在神州大地上开得鲜艳而长久,而"模特表演",对绝大多数中国人来说,不啻是"天外来客"。

"时装模特"这一舶来语,开始进入中国人的思维。然而,传统的力量是巨大的，并非一场模特表演所能融化。皮尔·卡丹的"中国时装心"遭到冷遇。

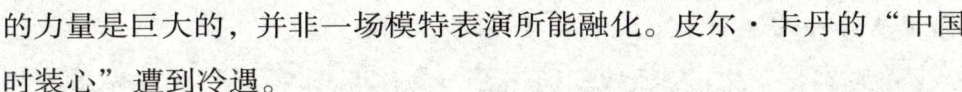

这位在世界建起闻名遐迩的"卡丹帝国"，可点石成金的时装大师，并没因在中国遇到"寒流"而退缩。

"万事开头难。"皮尔·卡丹深谙这句中国古语的深意。他认准了的事，就绝不会因一时的艰难而轻易放弃。在他举办过时装表演会后，他就感受到了他的影响力所带来的成果。

1981年2月9日，黄浦江畔。

中国模特史上第一批吃螃蟹的人在上海这个现代化的大都市诞生了。远在巴黎的皮尔·卡丹闻讯后，发来了贺电。然而，伴随着第一代时装演员的是接踵而至的磨难，是老卡丹万万没有料到的，此时还正在巴黎为中国的模特儿们祝福呢！

这天傍晚，中国模特史上第一场由中国人自己组织、训练、提供服装，全部由中国模特登台的时装表演在上海友谊电影院拉开了帷幕。

年轻活泼的模特徐萍将要表演一件露手臂的礼服。没想到，临上台，她的父母前来阻拦，他们的态度十分坚决，"我女儿才20岁呀，刚刚开始走向社会，这一步得迈得正，要是走错了路，不是误了孩子的终身？这件衣服要露肩，太不像样。我们做家长的坚决不同意！"

主办方无奈，最后只好采取折中的办法。把那根长长的飘带缠在手臂上，把胳膊遮住。然而，这根飘带正好是设计师刻意表现服装造型的神来之笔，是"诗眼"。这样一来，作品的个性荡然无存。

场铃拉响了，7位姑娘身穿背心、套裙，伴随着音乐节奏，轻快地走上舞台。依照当时的世俗眼光，模特是女流氓，是"花瓶"，是不务正业的坏女人。而这7位勇敢的姑娘以蓬勃向上的朝气向人们展示出青春的活力，她们的勇敢征服了世俗观点，也为中国的服装开辟出新的天地。

70分钟的表演十分成功,全场掌声雷动。

可是,接下来的事情就不那么让人觉得振奋鼓舞了。首先是徐萍哭哭啼啼来告知她要退出表演。徐萍的父母不愿自己的女儿抛头露面,也不愿她在台上出风头,当"供人欣赏的花瓶"。

公演第二天,女演员张毅敏惊慌未定地说:她回家时,弄堂里突然窜出一个流氓,把她吓坏了。说她也不想再来了。

皮尔·卡丹对此迷惑不解。虽然如此,古老东方依然对他有着顽强的吸引力。皮尔·卡丹仍一如既往地向往着中国。他是固执的,他要彻底解开中国这个谜。

20世纪80年代初,中央美术学院开办中国第一个服装设计进修班,皮尔·卡丹亲临授课。

1981年,皮尔·卡丹请出定居法国而又谙熟中国传统文化渊源的宋怀佳加入他的"帝国",继而邀请中国"模特之母"培训的学员做模特,在北京工人体育馆举办了一场规模空前的时装表演。这也是他来华举办的第三次时装展示会。

这次时装展示会引起了强烈轰动,美联社记者对此作了报道:

皮尔·卡丹是在11月21日,星期六,掀开了第一次使用中国模特儿的时装展示会。中国模特儿穿上金色高跟鞋,走动时步履摇摆不稳,尴尬而为难地掩盖着袒露的肩膀。有一名模特儿在台上因害羞而脸色绯红,步履蹒跚,畏缩不前。

法国时装设计企业家卡丹说:"是的,她们有点尴尬。不过,这是极为奇妙的事。她们都是美丽的姑娘,今天破天荒第一次穿上这些服装。"

展示会在北京饭店华丽的舞厅举行。

中国乐队敲响了锣鼓,奏起前奏曲之后,卡丹的一个在巴黎司空见惯，不会掀起半点涟漪的时装展示会就在这里开始了。但是，在这里，中国观众看到许多展出的服装，如花瓣边的裙子、金银线织成的蝴蝶结领带，以及橙色和黄色的男装睡衣等，却禁不住目瞪口呆，咧嘴而笑。

只经过两小时的训练，20名英俊美貌的中国青年男女，就穿上锦缎晚礼服、用金属小圆片装饰的轻飘美观的服装，以及裙衩高至大腿以及高至腰部的裙子，生硬地在T台上走动：所有的模特儿，都穿上黑色紧身内衣。

展示会结束之后，中国模特在后台一致表示，她们穿起露肩膀时装时感到尴尬和害羞。一个少女说："我们事前不知道要穿这些服装。"

多数模特儿说，她们喜欢飘开高衩的女服装，这种设计的女服装，使人联想起中国传统的虽紧身，然而显现体态线条美的旗袍。

皮尔·卡丹·与中国的情缘

皮尔·卡丹在中国大展他事业的宏图时，也不忘指导和培养中国模特儿。

1987年秋，规模宏大的第二届国际时装节在特罗卡特公园举行。世界"时装之都"巴黎，迎来了1500名各种肤色的专业模特儿。上海时装表演队代表中国，首次参加国际时装大赛，引人瞩目。

比赛按照非洲、亚洲、美洲、欧洲的秩序进行。当10位身着红黑礼服和10位红白便服的中国模特款款地走上T型台时，整个会场爆发出热烈的掌声。伴随着悠扬的乐曲，在万里长城、丝绸之路、飞天、梅花、修竹等图案变幻的天幕下，姑娘们优雅的姿态、舒畅的表演博得世人的公认。

《法兰西晚报》以"来自毛泽东领导的国家的时装"的醒目标题，用头版整版刊登了中国8名女模特表演红黑礼服的照片。

1988年夏天，北京时装表演队的彭莉在世界T型台上创下了一个奇迹，在意大利举行的"1988年国际今日新模特大赛"上掀起了一场"中国热"。

在赛场上，彭莉自信、沉着，以典雅、清丽、俊逸的气质击败了来自美国、西班牙、苏联等26个国家的上千名对手，为中国在国际上赢得了时装表演的第一枚金牌。

此时，皮尔·卡丹的两眼湿润了，他的"中国时装心"正变得更加火热。皮尔·卡丹20世纪50年代率先闯进日本，并一举获得成功。他相信，作为第一个进入中国的外国服装设计师，他也将获得同样的回报。

1989年12月，广州花园大酒店。

中国模特史上再次实现"零的突破"——中国人自己组织的比赛拉开了帷幕，这一飞跃得益于纺织部长的开明。作为中国人的朋友，皮尔·卡丹先生对这次比赛同样投入了关注的目光。

首届中国时装模特表演艺术大赛上最引人注目的是，看台上坐着两位地位很高的女政治家——中国人大常委会副委员长陈慕华和纺织工业部部长吴文英。

这次大赛规模空前，各路精英济济一堂。中国十大名模的桂冠被青年模特叶继红摘取，亚军是柏青，季军是姚佩芳。张雅风、卢娜莎、许以群、黎小燕、张锦秋、李斌和刘琐获"十佳"称号。

叶继红是一个综合素养极高的模特，她摘取模特桂冠应该是当之无愧的。台上，她会加入自己的理解，表现出时装的美感；台下，她的举手投足处处显示出中国女性的娴静高雅。

叶继红获奖后，特别看重自己的名誉，她不会为了金钱不顾名声，她甚至连一般娱乐性的走穴也谢绝了。叶继红去过美国、日本、德国、新加坡、澳大利亚等国家，但她一刻也没有忘记自己是中国模特儿。

有一次，新加坡某公司邀请她演出，到达后发现演出地点是一个格调低下的酒吧。叶继红拒绝演出，对方以拒付回程机票相要挟，叶继红以国家荣誉为重，二话不说毅然自己掏钱买票回国。

叶继红也因此成为皮尔·卡丹最欣赏、最看重的中国模特儿之一。卡丹先生很遗憾叶继红未在自己的麾下工作，而叶继红也同样十分敬重这位时装大师。

1994年4月，阳光明媚，春意盎然。72岁的皮尔·卡丹第二十次访华，并首次飞抵中国大西南的中心城市——成都，举办世界水平的时装展示会，同时进行一系列重要的经贸活动。

此次，皮尔·卡丹一行以强大的阵容，强劲的实力再次为中国的时装界带来强烈的冲击。除了卡丹公司的几位主要管理人员外，还有中法两国20位超级名模和一帮目前中国舞台上的顶尖演员，共50多人。

皮尔·卡丹此次带来的20位中外名模，中国16名，法国4名。中方名模包括：世界超级模特，第二届中国最佳时装模特艺术表演大赛冠军陈娟红；首次大连中华模特大奖赛冠军李华；第一届中华广告模特广告大赛冠军初蕾；第三届全国最佳时装模特艺术表演大赛冠军周军，等等。

皮尔·卡丹与中国结缘，时装模特儿功不可没。这种100多年前产生于欧洲的事物，这个曾经被中国人嗤之以鼻的行业，如今已在中国生根发芽，专业队伍已有200余个，时装模特们对宣传中国、加强中外交流、促进中国的对外开放等，均起到了积极的作用。

皮尔·卡丹为中国培养出了第一位世界名模石凯，随后的数十年里一代又一代新的名模也随之茁壮成长起来，她们在世界舞台上为中华民族带来了荣誉和骄傲。

出售商标使用权

2009年夏，温州卡丹路集团代表孙小飞只身前往巴黎，他此行的目的是找那个久闻其名却素不相识的卡丹帝国的缔造者皮尔·卡丹，和他洽谈购买皮尔·卡丹中国大区部分产品的商标使用权事宜。

与卡丹路集团的想法一样的不止一家企业，在竞购之前，孙小飞只是低调的温州人中的一个，和他来自永嘉桥头镇的同伴一样，他们多半在他乡发迹，但一直默默无名。

但低调背后隐藏着一张漂亮得令人咋舌的成绩单，孙小飞是意大利都彭服饰商标持有人，鳄鱼恤、皮鞋、皮具的国内总代理。这次准备和孙小飞一起入股参与收购皮尔·卡丹的陈小飞，也是鳄鱼的中国代理商。

皮尔·卡丹在中国市场做了很多授权，很多服装都是单独授权的，在皮尔·卡丹专卖店里你会发现这些商品的产地分门别类来自于不同的城市。2003年，虽然鳄鱼品牌在国内代理商之间纠纷不断，两人又是商业上的对手，但在扩大代理品牌影响力上，两人还是成了很好的朋友。

此外，除了是多个国际品牌代理外，孙小飞还与老乡叶立新联手收购了广州著名服装市场天马大厦50%的股权。孙小飞的实力和大手笔可从中看出一二。

尽管如此，他和同伴依旧觉得做起生意来有种没有"根"的感觉。在多年以前，一个温州商人与"卓凡尼·华伦天奴"签订"3+2"的代理合同，做了两年后，这个品牌被人收购了，所有的努力都付诸东流。

温州人在品牌上没有实现过巨大突破,多年辛苦的累积随时都可能变成"为他人做嫁衣裳"。在华伦天奴的事件里,很多人意识到了这一点。这件事情在温州人圈内影响很大,而且这并不是偶然故事,同样的事情还发生过不止一次。

这种事成了辛苦打拼的中国商人的软肋,许多温州商人从代理商开始转型。

"一开始是从工厂做起的,然后开始做代理,后来觉得做代理限制太多,就想收购品牌。"孙小飞告诉记者,"做代理的时间长了,就想去收购品牌,这样的发展空间更大。"他想以入股形式在卡丹帝国获得一个"永久性职位",而不只是代理商。

孙小飞开始了他的收购之旅,他一直都在试图寻求突破,其实这已经不是第一次进行这种收购国外品牌的动作了。

1992年,孙小飞只是意大利服饰品牌卡丹路的湖北总代理。"做一个省级代理的利润有限,而且不确定因素很多。"一位知情人士表示。孙小飞迅速完成了首次"三级跳",从湖北总代理迅速升级成中国区总代理,后来更是以令人瞠目结舌的速度将整个卡丹路品牌鲸吞下来。

孙小飞是广州温州商会副会长,也是广东商界中的主要活跃分子。"我们几个会长、副会长平时关系非常好,大家都是温州永嘉桥头镇人,还一起成立广东浙商投资集团。这次去收购皮尔·卡丹也是一起'抱团作战'。"此次参与入股的另一位温州人洪建巧表示,大家来自同一个镇,平时经常在一起接触,投资上有许多交叉点,4个最要好的朋友一直想找一个共同的投资项目。

2009年初,机会很快来了。在听说皮尔·卡丹有意出售的消息后,他们怀揣着不安和梦想,开始托法国的朋友进行联系。

关于收购的消息,业内人士认为,皮尔·卡丹这样一位才华横溢的设计大师,已是87岁高龄,一定会希望不断延续他所创下的品牌,所以他一定会希望出售给可以在未来让皮尔·卡丹这个品牌可持续发展的人，所以科学地可持续发展收购后的品牌至关重要。

"收购皮尔·卡丹品牌的人，肯定是喜欢这个品牌、认定皮尔·卡丹品牌价值的人，肯定是对现在、未来对这个品牌所具有的价值非常认同的人。"

皮尔·卡丹先生身上有一种不一般的魔力，这个凭借自己的梦想和精明头脑建构了一个比梦想还大的时装王国的老人，深深吸引了这群靠代理发家的温州人，他们试图和皮尔·卡丹的梦想寻找一个契合点。

20天后，孙小飞用他的诚意和事业心打动了皮尔·卡丹老人。他们前后一共去了3次，4月份签订了一个意向协议，随后又签订了一个合作协议。

"在漫长的从商生涯中，温州人一直在做代理商。在历史的长河里，这是一个必须被颠覆的路径。卡丹品牌是一个开始，入股皮尔·卡丹是继续，未来可能还会有很多。"温州本土一位经济学者这样说。

有趣的是，皮尔·卡丹先生的公司没有董事会，他也不召集部下开会，有事就找有关职员直接布置。他的公司甚至不是家族企业，他是企业百分之百的主人。但今后入股的温州人可能要经常出现在他的办公室甚至饭桌上。

这次卡丹路集团入股的形式是永久性接手皮尔·卡丹中国大区的部分产品的经营和管理权，同时，卡丹路集团将利用合同规定的优先权，在不久的将来加入皮尔·卡丹其他业务和世界其他地区的经营。

在2002年孙小飞就曾大胆设想，把在广州经营的这些国际品牌引回家乡，建一个"品牌总部"。他还向温州市领导递交有关"创建国际品牌建设工业园区若干建议"的报告。

皮尔·卡丹和孙小飞有许多共同点。皮尔·卡丹最开始在一个裁缝店当学徒，从无到有，一点点奠定自己的王国。而孙小飞1999年离开温州到了广东,他开始在做一个品牌服饰销售,他每天骑一辆摩托车辛辛苦苦看市场,一年时间就跑了广州和周边城市的700多家工厂。

这次,他们的命运交织在了一起,这些或许是皮尔·卡丹先生选中他们的其中一个理由。

"我们在谈对这个品牌的梦想,提出了在欧洲设立统一的研发和品牌运营中心,并希望制定区域标准化的管理机制。"孙小飞说,他们想每年在巴黎举办营销博览会和经销商论坛,把更多订单带到中国来生产,希望可以长远合作下去,让这个品牌长久存活下去。这些话最终打动了皮尔·卡丹先生。

"购买者收购皮尔·卡丹这个品牌肯定要付出代价,将来要通过创新、延续、发展这个品牌来回收目前收购所付出的金钱,要让这个品牌的美誉度、关注度持续发展,增加品牌的附加值,通过产品创意的提升让整个品牌变得更有价值,这种价值就体现在市场、来自于市场,不管是收购者还是消费者都将是受益者。"作为中国一名著名服装设计师,武学凯对皮尔·卡丹收购的前景,持有很客观的看法。

关于中国人买皮尔·卡丹值不值的问题已经有了很多讨论,各界的观点也有所不同。这个问题在法国人眼里,似乎也不好回答。因为法国人认为,中国人看中卡丹本人的声望可能要远高于这个品牌的价值。

一位法国网友在博客中说道,皮尔·卡丹品牌在欧洲卖得并不好,法国人也只承认皮尔·卡丹的个人名望,忽视其品牌价值,它与大品牌比较,并不占优势。

关于中国人斥巨资买下皮尔·卡丹部分品牌是否物有所值,这位法国朋友说得很实在,这要看中国朋友自己,法国人有句话:继承和革新最需要的是耐心。

他指出,一个创业品牌,细致做,耐心做,眼光远,坚持做好,仍有光明一刻；假如一个世界大牌，你索取多投入少，很快就会败落。中国人买下皮尔·卡丹后，到底做得怎样，做成怎样，要看他们自己的决策态度：是准备借鸡下蛋，还是杀鸡取卵。

2009年9月，孙小飞等人以新注册成立的温州诚隆股份有限公司为收购主体，正式取得皮尔·卡丹大中国区皮具、针织服装、皮鞋等部分商标的使用权。

诚隆股份有限公司将成为中国区的皮尔·卡丹全球采购研发中心，并且利用皮尔·卡丹的全球渠道推销中国和温州的产品，伴随着此次收购，还将有一个庞大的皮尔·卡丹发展规划。

孙小飞表示，之所以皮尔·卡丹能把大中国区的部分业务交给他，一方面是相信他和他的团队，以及温州商人在全国乃至全球建立的由200多万人组成的营销网络，另一方面是温州人在品牌代理与品牌运作方面的经验在全国也是首屈一指的，这些都是卡丹先生看好孙小飞等人的重要原因。

不过，时至今日，皮尔·卡丹已退出了高档市场，这与缔造者皮尔·卡丹的品牌经营理念有关系。"他想让普通人都能使用得起这一品牌。"孙小飞说，"尽管，目前皮尔·卡丹的品牌有些老化，但它还有很深的文化底蕴，这给品牌注入了长远的动力。"

皮尔·卡丹在全球市场的衰落不可否认，但华人区特别是中国市场，才是孙小飞最为看重的。

依旧中国不了情

从进入 21 世纪以来,皮尔·卡丹以他 80 多岁的高龄,依然游走于中法之间,为中国人民带来了一场又一场美不胜收的服装盛宴。

2007 年 10 月 20 日,"皮尔·卡丹'08 春夏时装发布会"在敦煌鸣沙山的无垠大漠精彩上演,时尚巨匠皮尔·卡丹让自己 30 年前由法国成功引入中国的高级时装来到丝绸之路。回想 700 多年前沿着丝绸之路来到中国的使者马可·波罗,卡丹先生的这一非凡创意仿佛暗示着这是一条欧洲人被这遥远东方国度接纳的必经之路。

这次时装发布会并未采用任何繁复、奢华的搭建,模特在视线中一点一点从沙丘的另一端走出,又在人们的仰视中沿着蜿蜒优美的沙丘缓缓走过 280 米长的"丝路",夕阳西下,漫天的红霞就是"舞台"的背景……仿佛一队远道而来的商旅,恰巧与历史长河中的某个真实瞬间擦身而过。

"皮尔·卡丹'0808 春夏时装发布会"正是以马可·波罗为主题,与以往一样,这一季所展示的时装也按照"威尼斯""丝绸之路""人间仙境"分为三组不同的创意。

皮尔·卡丹亲临敦煌并携跟随其多年的"皮尔·卡丹"公司首席设计师塞尔吉奥及其监督设计的近 200 套时装在大漠展现。不同风格的舞蹈,并巧妙地设计了体现不同国家、不同地区习俗的道具将整场发布会串联起来,超凡的创造力和古今结合的美感博得了人们毫不吝惜的掌声与喝彩。

2011 年 5 月初的天津滨海航母码头,海风习习,皮尔·卡丹以停靠在这里的"基辅号"航空母舰为载体,发布了其 2011 年最新系列产品。铿锵的音乐、艳丽的色彩，让滨海航母码头的海风中弥漫着时尚的味道。

发布会主题取名"和平方舟"。皮尔·卡丹希望这样一场以和平为主题的时尚活动，能够唤醒世界上那些暂时不太安定的区域，给那里的居民带来哪怕是片刻的安宁。

巧合的是和平方舟的英文缩写 PC 恰好与"皮尔·卡丹"品牌的缩写首字母相同。而皮尔·卡丹是联合国教科文组织的名誉大使，"皮尔·卡丹"品牌似乎与和平有着奇妙之缘。

发布会以一系列具有太空感的服装开场，银色光亮的面料营造了未来感的氛围，漆皮面料被多次采用。这个系列紧紧围绕"士兵"这个元素展开，从音乐到道具，士兵与时尚的结合体现了刚柔相济的设计思路。

同时，酷的元素无处不在，黑色系的搭配、未来感的道具以及一些略带街头朋克风格的元素的融合，让开场系列给人带来硬朗之美。这个系列的亮点是那些带有汽车元素的小配饰，比如轮胎造型的项链，赛车方向盘元素在服装上的应用等。

第二系列中，着重展示具有皮尔·卡丹元素的成衣作品，设计简洁、用色大胆的成衣，构成了第二部分的展示。这个系列也是整场发布的重点。

在百余套服装的展示中，应用典型皮尔·卡丹圆形元素设计的小礼服、外套、长裙、马甲、男士西装等作品，同时在用色上也保持了皮尔·卡丹风格的浓艳与纯净。

虽然在整场发布中男装所占比例不超过 4 成，但是在第二部分的成衣展示中，男装亮点频出。

首先是大地色系突出了 2011 男装流行的色彩，休闲的款式与纯天然面料质地，都强调了皮尔·卡丹品牌 2011 男装流行的亮点。除此之外，男装流行的另外一个核心元素就是肥腿裤，无论是西裤还是休闲裤，设计师都比以往增加了裤腿的宽度，男裤在视觉上更加具有悬垂的效果，强调了舒适的功能性。

此次占相当比例的女装，要突出的流行关键词则是雪纺、印花、飘逸、悬垂。这些元素完全契合了当季的国际流行趋势。大印花图案的雪纺长裙，搭配小牛仔上装、平底凉鞋或者是运动鞋都是不错的选择。鲜艳的花色让夏日分外生动，轻柔飘逸的效果让穿着者更加活泼。

在最后一个系列礼服展示中，飘逸和悬垂效果的礼服裙大量出现，迎着徐徐海风，长裙摇曳的美景在"基辅号"上出现。音乐也随之变得轻柔和欢快，让整场发布的节奏逐渐走向祥和而愉悦。

为了此次中国发布会，卡丹先生亲自设计缝制了20余套礼服。其中，在结尾处有6套婚纱表达了他对世界和平的美好祝愿，用婚礼与白色的祥和之美，来传递他衷心的祝福。

当一架直升机降落在T台背景区的众多飞机之中时，一位身着红色礼服的模特惊艳亮相，她径直走来与坐在T台口的皮尔·卡丹先生共同谢幕，完成了这次在"基辅号"航空母舰的甲板上，以飞机跑道为T型台，以各种战斗机为背景的"和平方舟"时尚之旅。

160套服装，百余名模特，皮尔·卡丹品牌再一次用精彩的演出让我们领略了皮尔·卡丹所具有的大家风范。

在具有梦幻感的中国北京水立方里做时装展示，成为国际时装设计大师们理想的东方梦幻之旅。

2012年4月1日，皮尔·卡丹先生在水立方举办了一次主题为"光之城"的时装发布，他亲自操刀为这次的表演设计包括60套男装和120套女装的全部服装，并亲临现场和90余名模特，还有现场观众一起感受"光之城"。

有人说，皮尔·卡丹的每一次时装发布都如同一场环球旅行，带着人们到世界不同的角落，徜徉风景、描摹情愫；还有人说，皮尔·

卡丹的每一个秀场都如同一次饕餮盛宴，带着人们到多彩艺术的海洋，品咂传奇、咀嚼创意。

许多人还记得，皮尔·卡丹曾经以近89岁的高龄登上天津滨海码头的令人印象深刻的场景，那场被誉为2011时装盛宴的海滨服装秀尚未在时尚人脑海中抹去之时，以梦幻炫彩为特色的北京水立方，又与皮尔·卡丹相约，向东方展开一幅光芒四射的奇幻城市图——"光之城"。

"光之城"这座神话般的城市，是即将在意大利威尼斯落成的一座集酒店、公寓、商场、娱乐、别墅于一体的综合性楼宇，整座楼宇大量配以太阳能系统，在节约能源、低碳环保的生态房屋建设上做了一次革命性的突破和普及，也使得它更像是一座"绿色小城市"。而这座漂亮得如梦如幻的艺术建筑，其创意设计正是出自已经90岁高龄的国际时装大师皮尔·卡丹之手。

献给中国观众一次视觉盛宴也似乎在表达这位国际大师的深切愿望——不久的未来，希望有同样的"光之城"矗立在中国的大地上。

发布会开场特别放映了一场炫目的"3D电影"，通过女主角美人鱼与男主角"光"的情感交流，既令观众有亲临"光之城"之感，又强烈表达着此次发布会的精神宗旨——全新的生活方式是将生活与自然交融于情感之间，并为人类带来意想不到的美好境界。

在原本就充盈梦幻的水立方的秀台上，"光"成为全场最为亮丽的主角，让全场观众沉浸并陶醉于光的世界里。

发布会以"光"作为开场，皮尔·卡丹在服装上设计出五彩光束，灯光全部熄灭之后，模特身着"光之裳"走上T台，观众看到的却只是五彩光在移动，五彩光在不同的时装上勾勒出附着创意的花样图案，美轮美奂，所有人都被眼前的五彩世界所震撼。

梦从这一刻开始，一束光冲破了海面，释放被囚禁的美人鱼公主，光化身成精灵牵手公主，在众多被气泡包裹着的皮尔·卡丹服饰间穿梭。在水面上，一座被气泡包裹着的"光之城"，精灵和公主在其间游弋；概念性设计的家具、后现代感的灯具、精巧别致的香水……亦真亦幻，让所有人迷醉其中，和光之城融于一体。

紧接着是"皮尔·卡丹经典风格"的日装系列，花样翻新的几何图案是皮尔·卡丹自创立以来始终不变的风格符号，在此次日装秀上也得到了淋漓尽致的延续和体现。

在"日装"系列中，皮尔·卡丹几何图形的经典被很好地延续了下来，但经典并不意味着刻意，看似简单却暗藏奥妙的设计让世界上的很多设计者成为皮尔·卡丹的信徒，这其中想必有玄机。

即使是经典，也会让大家觉得皮尔·卡丹依然走在时间的前面。与一般大家提起经典时觉得略显保守和老气不同，皮尔·卡丹"日装"系列伴随非常快节奏的音乐，展现了一种生活理念，让人们觉得自己已经身临其中，皮尔·卡丹用一种轻快摹写下每个人的不同生活轨迹。

后两个系列为小礼服和晚装系列，皮尔·卡丹大量吸取"光之城"建筑艺术灵感，在面料的开发和设计上施以很独到的创新，尤其突出表现裙装的雕塑立体感。

为了进一步彰显立体效果，皮尔·卡丹大胆将建筑材料应用于时装体系，采集室内装修常用的保温海绵沿用到裙摆上，与弹性面料相配合设计，随着模特走动的旋律，呈现出一种既有雕塑形态又带几分动感的立体效果，成为此次时装秀最为抢眼的亮点之一。

小礼服的裙摆也被设计为多层次立体结构，每层裙摆的设计也相当抢眼，采用夸张式的裙撑将裙摆撑起，形成极具立体效果的建筑艺术美感，晚礼服的设计同样运用了裙摆的设计，大尺度的裙摆环绕于拖地礼裙的裙摆上，走上舞台，俨然一座座后现代风格的小建筑群在空中飘动，充盈着奇幻的视觉效果。

值得一提的是，此次发布会上绝大多数服装，色彩丰富、饱满而艳丽，多彩色系与灯光搭配产生出极强的炫目效果，服装采用饱和度非常高的色系，配合大量的莱卡面料，更能反衬出光体效果，无论是在日装、小礼服和晚礼装上，都让观众深切体会到时装对于"色"与"光"的诠释与展现，可以达到超乎想象的视觉效果。

压轴时装则更为炫目，两套晚礼装的色彩为饱和的金色和饱和的银色，瞬间便将整个秀场映得通亮，模特从肩部"散发"出来的光环，像两位天使下凡人间，将光明与美好通过光之城洒向世间。

紧接着，一位女神般的模特，身着长长的多彩纱裙从远空越过观众席飘飘而来，在被设计为"光之城"的舞台上翩翩飞舞……

本次发布会舞台的设计，巧妙截取了光之城之墙体设计，透亮的银白色墙体竖立于舞台两侧，俊美的男模特们倚着银白墙上精致而古典的阳台，和墙体边的蘑菇形"别墅群"旁穿着拖地长裙的女模特们，在"女神"的召唤下，向观众谢幕，一座美丽的"光之城"以最梦幻的方式将祝福与爱留给了现场每一位观众。

此次秀场中3D电影技术的运用、概念性建筑感的舞台布景、独具匠心的音乐配合，使得此次发布会已经不仅仅是一次秀，它的精妙构思完全是在为大家编织一段梦的旅程。

值得一提的是，在这一系列的过程中，并没有出现传统时装发布的节奏感很强的音乐，而是采用了一段洗涤情绪、沉淀心灵的歌，让人觉得似乎置身小雨之中，又仿佛躺在草地仰望星辰。

主办方表示，以"光"的语言讲述现代生活理念，诠释更高雅更节能的现代生活方式，90高龄的皮尔·卡丹的社会责任感深深感染着人们，同时，将建筑、雕塑与时尚完美结合所呈现出来的艺术效果，也会让此次发布会带给时尚界以启迪，为世人所铭记。

但此时此刻冷静的皮尔·卡丹的头脑中只有一句话：我只不过是一个普通的裁缝，一根针，一条线，一支笔，伴随着我的艰难奋斗史……

卡丹品牌之道

你在挑选服装时，千万别只注意其局部与细节。须知时装是脱离不了形象的，它首先反映人的类型，还反映时代的精神。

——皮尔·卡丹

对美与艺术的痴恋

皮尔·卡丹品牌之所以能像钻石一样永放光芒,是因为卡丹先生对美与艺术的痴恋。

应该说20世纪60年代,皮尔·卡丹的服装能够领导世界服装潮流,就在于它的表现富于流线感,对时代具有挑战性。

每年,他总要举行几场男女时装展示表演。他分别在巴黎、东京、伦敦、纽约等地举行皮尔·卡丹服装设计50年回顾展,在更大范围内宣传了自己。

"卡丹的空间艺术殿堂"的建造可说是皮尔·卡丹的一个惊人之举,人们称它为"卡丹艺术中心"。它是皮尔·卡丹1970年投巨资将一座花园楼房改造而成的。

这座空间艺术殿堂位于巴黎中心区、协和广场和总统府之间的加勃里埃尔街的纯白色别墅里,上下三层,分别设有剧场、画廊、电影院、会议厅、表演厅和餐厅等设施,可以演出戏剧,举办画展,可供文艺界朋友聚会。对此,皮尔·卡丹不无自豪地说,"卡丹艺术中心"是个"智慧之地",实现了他多年的梦想。

在这段时间里,皮尔·卡丹开始了他的回顾展,他常和爱徒们对时装的变迁和服装的流行与过时等问题进行磋商:"各种时装的款式都是短时即逝的,不过消逝后总会留下一个清晰的轮廓,令人回忆。"

皮尔·卡丹说:"当你想起路易十五王朝,那么衬有裙环的篮筐式连衣裙的形象就会浮现在眼前。1900年前后,妇女连衣裙的后面有个鼓起的腰垫。1925年,姑娘们的连衣裙较短,形状像个筒。1940年时,妇女长长的上衣遮得裙子只露出几个厘米。1960年以后,则是超短裙风行。"

稍停片刻,皮尔·卡丹继续说:"上面所选的这些例子表明在服饰的发展过程中存在着几股大的潮流;季节的不同会引起服饰上许多细小的变化,这只是时装大潮流中的变种。"

也许这让人很难相信,一位没有受过多少正规教育,全凭自己探索的人,竟然对服装有如此深的研究、如此精湛的艺术观点。这些与皮尔·卡丹多年的自学苦修和实践经验有关。

他系统地研究了1787年至1936年他所能收集到的时装图片上的服装尺寸,并总结出在服饰的演变过程中存在着比较有规则的节奏,一个节奏在时间上可以持续一个世纪以上,每个节奏都有一个相应的服饰轮廓。衣服的宽度和长度是变化的决定因素。这些都对他设计的服装起到了深远的作用。

他还借用美国人文学家克洛勃的话讲出了服装的变迁:连衣裙在1749年和1810年的时候最宽松,在1815年和1926年的时候是紧窄。服饰上的这些大的变化,与历史的重要分期是大体上吻合的。

吸引众弟子的绝不止是皮尔·卡丹这位大师手艺的精湛,让他们佩服得五体投地的是这位大师的艺术涵养和造诣。对当代时装变化的趋势究竟如何,皮尔·卡丹十分谦逊地说:"现在要了解清楚还为时过早。"

他接着说:"不过,只要翻阅几本杂志,也可以画出几种典型的轮廓,这几种轮廓在服饰的发展中将起里程碑的作用。1947年法国迪奥时装公司设计的'妇女之花'紧窄的上身,纤细的柳腰,突出在花冠形的长裙之上。

"古雷奇时装公司给20世纪60年代的女运动员们设计了结构严谨的短窄连衣裙,这种衣服让腿大部裸露。以上这些服饰都体现着复古思想,但又都以自己特有的方式表现出变革精神,若没有这种变革精神,就根本不会有时装。

"设计师克洛勃的论点是：近30多年来，服饰总是每隔一定的时期在长式样和短式样之间摆动，定名为'新面貌'的长连衣裙和超短裙可以说是两个极端。"

对皮尔·卡丹而言，给弟子们谈服装的过去和将来，不仅仅是一次经验的传授，也是自己对服装的一次更新认识，正是这一次次的近似于休息的谈话，使皮尔·卡丹酝酿设计出一套又一套惊人的服装。这正说明了教学相长的道理。

皮尔·卡丹说："服饰的变动是同社会环境密切相关的。脱离一定的社会条件，就不会有服饰的变动。比如离群索居的鲁滨逊，根本就不会有什么服饰。很多世纪，服饰都是与权力结合在一起的。路易十四、拿破仑一世，都对服饰起过裁判人的作用。在查理王朝时期，西班牙的服饰在欧洲占统治地位。文艺复兴时期，意大利的服饰在欧洲到处流行。"

谈起服装，皮尔·卡丹表现出了他少有的博学，他滔滔不绝地讲："在本世纪初，上流社会仍缅怀王家的豪华气派，还是以富丽为漂亮。在第一次世界大战以前，时装店竭力表现婀娜多姿的妇女形象，这种妇女头插摇曳的羽毛，戴着珠光宝气的首饰，身穿镶有轻纱花边的衣裙。高级时装商店只为那些富豪阶层服务。然而，战争打碎了这个封闭的圈子。妇女们纷纷走出了沙龙，与活跃的生活发生接触。战后，花边、衣裙上的荷叶边等装饰都过时了。"

看了看弟子们的反应，皮尔·卡丹继续说："服饰也与一定的社会生活方式有联系。今天，礼服已经不再是衣帽间里的主要服装了。大家穿朴素、舒适的服装接待宾客，轻松舒坦的风格趋于流行，出现了'家庭服装'的浪潮。青年人在穿着方面注意的并不是雅致大方，而是要避免节日盛装的味道，喜欢穿旧衣服，于是出现了假褪色的蓝色工装裤，假褪色的短袖圆领衫，甚至上面还有假补丁。

"这是一个幽默的时代，诙谐的时代。惹人笑话算得了什么，这

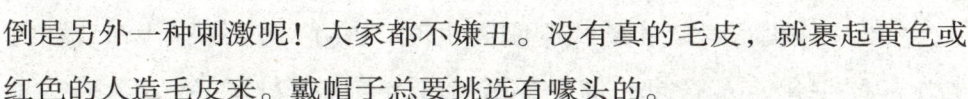

倒是另外一种刺激呢！大家都不嫌丑。没有真的毛皮，就裹起黄色或红色的人造毛皮来。戴帽子总要挑选有噱头的。

"借鉴于民间传说的粗犷的服饰，是20世纪60年代末以来青年们的特征。后来，出现了所谓'反时髦'，又使得大马路上的服装设计出一种新的服饰来。其实，对新奇的追求只不过流行于1973年以后，服装似乎又恢复到了较朴素的式样。宽肩幅，紧腰身，舒适而宽松，就是这时流行的运动服饰的特征。"

皮尔·卡丹继续说："既然服饰是现实生活的反映，它必然与政治密切相关。比如嬉皮士用杂七杂八的伪服饰表示出他们的政治思想观点。他们特意地表现随便和自由放任，穿的衣服好像是一段破布、一块台布或一条破被。这一切是为一个新的表现方式服务，他们把这种服饰作为对资本主义的秩序提出控诉的标志。"

皮尔·卡丹在巴黎、东京、伦敦、纽约等地举行的卡丹服装设计回顾展吸引了越来越多的渴望了解皮尔·卡丹的内心世界的人，他们对皮尔·卡丹的服装文化产生了浓厚的兴趣。在东京的一次演讲中，有人问皮尔·卡丹："请问卡丹先生，现在流行什么服装？"

皮尔·卡丹觉得这个问题非常有意思，他风趣地说："你在挑选服装时，千万别只注意其局部与细节。须知时装是脱离不了形象的，它首先反映人的类型，还反映时代的精神。

"所以在挑选服装时，要考虑通过服装来反映你属哪种类型的人，然后再来挑选合适的服装，并且要注意你所处的时代的要求。目前，人们普遍喜欢运动员类型的人，反映出人们对青春的追求。中年人穿上运动服，显得精力旺盛、年轻体壮。显而易见，喜欢穿运动服饰的人最多。另外是由于运动衫既经济实惠，又暖和轻盈，不受季节气候的限制。如再穿上平跟运动鞋还使人感到步伐矫健。这些都增添了生命的活力。"

皮尔·卡丹详尽地解释道：

"当一种流行时装的款式刚刚问世时,并不一定真有什么新颖之处,却往往会使人联想起前几年或几十年前流行过的服装。事实说明,现代城市流行服装式样的风格常常是反时髦的。'反时髦'是指一些以往曾风行一时的款式,现在又继续流行起来。

"有一些服装虽然挤不进时髦圈,但由于其式样大方,不落俗套,材料经济,因而数十年流行不衰。例如有一种被称为'沙涅尔'的女式西装,用斜纹布制作的裙子配上一件端庄的无领短上衣,腰间系一根装饰绦带,落落大方而流行40年之久。

"有些流行的时装只是在各种大家喜爱的便服的基础上,作一些修饰和改进。例如上面提到的'沙涅尔'女服,将裙子换上当今盛行的中长裤,就是一种时髦的款式了。当然,衣料也可以换成绸缎或针织品。再如端庄文雅的英式女西装,要想使它富有时代的魅力,最好配上一件式样较浪漫的短衫:花边领子,蝴蝶式飘带,要是绣胸花则更美。古典式的上装若配上一条裙裤,则又成了一种现代式样的服装。"

大师的精辟演讲,激起了全场经久不息的掌声。

还有一次,皮尔·卡丹在纽约演讲时,一位《华盛顿邮报》的女记者向他提出了时装的标准、颜色的搭配等问题。

对于这一问题,皮尔·卡丹并没有马上回答,这位美与艺术的恋人先是笑了笑,然后清一清嗓子说:"请允许我在这里打一个也许并不十分恰当的比方,夏季流行的裙子式样繁多,有西装裙、绉裙、百褶裙、紧身连衫裙、宽体连衫裙等,大致分为运动式样和文雅娴静式样两大类。目前,连衫裙的长度以过膝五六厘米最为合适。

"200多年前,让·雅克·卢梭曾说过,时装以其现实的美点缀着世界。可是,这种美是千姿百态的,有着细微的差别。

"时装的标准是变幻莫测的。有些流行时装出现奢华浪费的现象。然而,正确的审美观无疑应该考虑节约。事实上,朴素大方、配套和谐、美观舒适才是永远有生命力的服装标准。

"大多数妇女不喜欢过于修饰的服装，她们对服装的颜色、布料以及广泛的配套性都有一定的要求。实际上，流行的式样，如色彩、衣长和加上某些修饰点，这个'一点变化'的意义相当重要，它能使两件款式相同的衣服显得截然不同。这关键在于颜色的搭配、布料的选用，以及装饰品的点缀。

"流行服装的颜色以浅色的色调为主色，如银灰、浅褐与黄色的格子以及蓝与白、蓝与黑、蓝与红的调配。一般倾向是喜欢颜色的反差明显，或色调雅致。装饰物是服装的一部分，虽然它们的作用并不很大，但和衣服一样重要。"

皮尔·卡丹的话，让这位《华盛顿邮报》的女记者敬佩不已，第二天，《华盛顿邮报》便在头版登出了赞誉皮尔·卡丹的文章。

时装界的开路先锋

皮尔·卡丹的信条就是永争第一。他曾说过："我永远是第一，我讨厌当第二的角色。"他对时装未来趋势的不断尝试和探索深刻地反映了这一点。

"只有勇于尝试才能把想法变成现实。"他说。

他认为，品牌产品要有鲜明的特色和独具的价值。国际名牌无一不是依靠自己的个性特色立足于世界市场的。对于服装来说，就是产品的设计风格方面有鲜明的特色，不仅要创新，更要符合消费者的审美标准，顺应时代潮流。不断创新并体现时代感的品牌在竞争中一定能够长盛不衰。

永远与时俱进的卡丹品牌也是靠大师的创新精神在市场上站稳脚跟的。被誉为法国时装"先锋派"的皮尔·卡丹，他的创新精神使他的设计表现得不同凡响，并且往往超前地运用了当代最先进、最时髦的事物。这些都是与日新月异的社会，与不断发展的服装业分不开的。

皮尔·卡丹说，时装式样并不是时装公司凭空创造出来的，时装公司不过是以它特有的方式把当时的社会时尚、艺术潮流以及服装的发展趋势表现出来罢了，而只有那些淋漓尽致地表现时代潮流的式样才能领先时装行业。

用时装表现社会、艺术潮流，全靠时装公司设计经理和设计创造性的想象力，他们往往把服饰的设计与艺术、美学以及装饰演变的研究结合起来。

据《国际先驱论坛》曾经的报道："出人意料的是，雄踞1990年

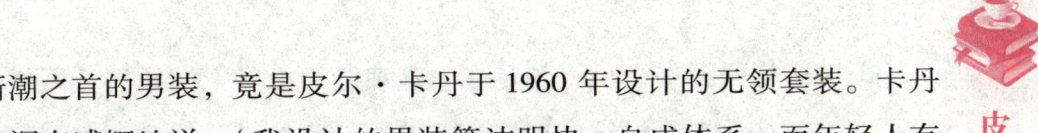

新潮之首的男装，竟是皮尔·卡丹于 1960 年设计的无领套装。卡丹曾深有感慨地说，'我设计的男装简洁明快、自成体系。而年轻人有他们自己独特的行为方式，他们喜爱我的男装，只能说明我的设计与未来巧合。我的设计走在了时代前面。'"

皮尔·卡丹一直在潮流的前面勇敢地开拓着自己的路。他的设计总是超越流行的尖端，领导着时装的新潮流。被誉为最高创造力的前卫设计师。

他说："我设计我所欣赏的服装，它们是属于明日世界里的服饰。"正是他的超前思维和创造意识，构成了他作品的特殊风格，并将自己塑造成一位服装界的革命家。

在皮尔·卡丹数十年的服装设计中，他独树一帜，不断创新，始终走在时代潮流的最前面，给法国时装界注入了朝气和活力。同时也影响了世界。

在皮尔·卡丹的手里，每根针线，每块色彩，都充满了神奇的魅力。他就是用这神奇的针线和色彩征服了法兰西乃至世界的服装市场，创造出一个举世瞩目的"皮尔·卡丹"品牌。

这位自由的大师，不仅是当代服装的艺术家，也是整个时装界最有力的商标。

皮尔·卡丹天才的想象，杰出的成绩，也是与他的时装工厂分不开的。时装工厂的技工对实现设计师的图样意图起很大的作用，因此时装业非常注重高级技工的培养。一个高级技工的成长过程是十分漫长艰辛的，比如一个 16 岁的年轻人，根据合同可以到时装公司的工厂里当徒工。在学徒期间，一边劳动，一边到时装业公会举办的学习班学习，学习费用由公司支付。

通过两年学习，取得专业技能合格证书。然后，在工厂里先当初级副手 6 个月，再当熟练手 6 个月，接下去是初级裁缝 6 个月，最后才成为熟练裁缝。熟练裁缝就会做各式各样的时装了。

时装式样设计好以后，先是在熟悉裁缝的指导下按照设计图样用样子布做，往往要经过很多次修改，再用选定的料子缝制。缝制好以后还要经过设计经理的再次严格审查，然后决定取舍。

一种服装式样一经采用并开始制作，就会把附属的行业带动起来。这种行业包括装饰品业、皮货业和皮革业等。纺织业的某些织法就是在时装业的推动下采用的。记得曾有人这样说过："服装式样是纺织业的指挥棒。"这些行业与时装业紧密协作，以便使原图样尽可能完美地表现出来。

1965年成立的时装业公会，把确保时装创作的专利权作为自己的职责。1952年制定了一个规章，把时装设计师的创作看作是一种艺术创作，规定时装设计可以享受有关文化艺术著作权的保护。时装业公会还规定展出的日程，准许报刊在一个月以后发表照片，以便时装公司能够获得专利向顾客销售时装式样。

时装式样以纸样的形式出售，规定只能用织物复制，并且在购买者所在的国家内销售。顾客也可以通过对外贸易代理商购买。

时装公司分为好几个等级。一个公司要出名，就得拿出别具一格的时装式样。这样一来，就很难避免抄袭现象的发生。剽窃、抄袭别的时装公司的式样，成了整个工业间谍活动的一个组成部分。

然而，既然称作时装，自然就会受时间的限制。没有永远流行的款式，任何一项时装的款式都不能恒久，永远流行的款式就不能称为时装，这就是这个行业的特点。

早在18世纪末19世纪初，有一位名叫贝丹的女裁缝开设了一个时装工厂，贝丹曾为王后玛丽·安多纳德缝制衣服，在欧洲各国的王室中享有盛誉。

19世纪的欧洲，经济繁荣，宫廷生活奢侈至极，在社会上也以穿着为王室服务的时装店缝制的衣服为不可多得的荣耀，因此时装业有了很多订货。有一袭连衣裙竟值5000金法郎，相当于现在的14000

法郎，这是时装业有史以来最昂贵的产品。

时装长期以来是上层社会享用的奢侈品，而普通人只能望而却步。自从现成时装出现以后，一直以来高高在上的时装才走下圣坛，得以和寻常老百姓相互亲近。近年来现成时装的生产发展迅速。就是在高级时装公司中，现成时装的生产也占越来越重要的地位。

许多时装公司都是一方面制作一些价格昂贵的华贵高级时装，为少数顾客服务；另一方面生产大量的现成时装，供应广大顾客。再也没有时装公司只为高级时装而"专情"生产，不少时装公司为制造现成时装建立了专门的机构。

事实证明，这两个方面的生产不仅不相冲突，还在资金上和创作思想上互相补充。皮尔·卡丹就是把高级时装的设计作为"大众化时装的实验室"。

现成时装公司在自己的工厂里组织生产。最常见的办法就是时装公司把一套时装式样交给厂商生产，自己对质量进行监督把关；生产以后，向厂商收取一定的提成，作为专利使用费。提成一般占销售总额的10%。时装公司也可以把商标以转让的形式让给某些技术精良的厂商使用。

现成时装由于生产数量多，因此实行工厂化、自动化流水线生产是必要的趋势。时装式样的变化越来越快，甚至于有时候有的产品还没出厂就已经被淘汰了，因此，各厂商都在逐渐采用标准尺码，以提高劳动生产率。

为了销售，每年4月和6月两次展出现成时装。每年还在巴黎举行一次现成时装的国际展览。在这个展览会上，所有款式的现成时装都被展现出来。

众所周知，时装业在法国国民经济中占有一定的地位，因为它提供了相当数量的劳动就业机会。法国时装业在欧洲各国以及美洲和亚洲广大地区都有市场。

皮尔·卡丹时装公司70%的产品及纸样是销售到国外的。许多时装公司在国外设有分支机构。所以，皮尔·卡丹无形地解决了法国社会的就业问题。在服装进出口贸易中，法国一直领先。

法国服装业的飞速发展，也使皮尔·卡丹从中受益匪浅，为皮尔·卡丹提供了良好的创业环境，使他能够充分发挥自己的才能，成为服装界的巨匠。

与皮尔·卡丹同样享誉世界的朴实无华的时装大师——乔治·阿玛尼曾评价皮尔·卡丹是一个"全身充满创作灵感和艺术细胞的人"。

卡丹的渗透策略

在皮尔·卡丹的品牌秘诀中,他的制胜法宝之一是渗透策略。

在市场经济运行过程中,皮尔·卡丹认为,产品一旦打入市场,尤其是打入国外较大市场或国际市场后,企业应当采取多种策略,在市场上站稳脚跟,然后扩充势力。这方面,目前国际上比较盛行的"渗透"策略,非常值得企业家们和营销人员借鉴。

所谓"渗透",书面含义是形容一种事物或势力逐渐进入到其他方面。在市场经营中,渗透就是要求企业有一种见缝插针、勇于穿越的精神,在稳住阵脚的同时不断扩充自己的"势力"范围。

皮尔·卡丹也照样做。他不仅把自己的服装,而且还把自己企业的其他商品用"渗透"的方法逐渐向外推广,占领更多更大的国际市场。从这一点看,皮尔·卡丹不仅是一个著名的服装大师,也是一位精明的商人。

65岁那年,皮尔·卡丹决定把自己的名字以专利方式转让给他人使用,皮尔·卡丹作此决定可不是闹着玩的,他非常重视,并且要求非常严格,只允许一些最好的产品用他的名字。

瑞士一家香烟公司,生意一直不景气,后来他们以"卡丹"标牌打入国际市场,销售格外令人满意,每年销售额达到上亿美元。

在卡丹品牌的光辉照耀下,如今全球行销的"卡丹"牌产品,一个响亮的有吸引力的商品名字,对顾客具有号召力,赢得信誉,能促成顾客的购买行为。

在卡丹品牌从各个行业渗透进来的同时,各个国家的当地企业也获得了非常好的效益。

1991年，一个春光明媚的清晨，上海领带厂迎来了匈牙利等欧洲国家的领事官员。他们的到来，不是为了外交事宜，而是专程为订购"敦煌"牌领带。同年，《亚洲纺织杂志》专题报道，"敦煌"领带可同欧洲最好的领带媲美，达到了国际水平。"敦煌"是怎样成为在国际上享有如此盛誉的名牌呢？事情是这样的：

法国皮尔·卡丹公司生产的领带是世界名牌。那时候，他们要加工一批领带，"敦煌"得知这一消息后如获至宝，他们非常清楚卡丹品牌的分量，打算托"卡丹"的福，因为，争取皮尔·卡丹领带的加工业务，不仅每条能赚两美元，重要的是可赢得客户的信任。

于是，他们千方百计争取并高质量地承揽皮尔·卡丹公司的加工业务。许多客户得知上海领带厂有为世界名牌加工的业务能力时，都放心地购买"敦煌"产品或签订加工合同。素有"领带王国"之称的意大利某公司也前来与之建立了来料加工业务。

2008年8月，经"皮尔·卡丹"授权的皮尔·卡丹家具在珠海举行了"皮尔·卡丹家具大中华区市场启动仪式"。皮尔·卡丹家具的进驻，标志着中国家具大品牌元年开启。

"文化不分国界也没有国籍，'皮尔·卡丹家具'不仅仅是一个市场的拓展，一个品牌的延伸，更是市场全球化、经济一体化的实践和体现。""皮尔·卡丹家具"在大中华市场唯一的合作伙伴和总代理表示，"皮尔·卡丹品牌是有着悠久的历史和深厚的文化内涵的品牌。相信在中国家具行业将会上演一幕中西文化巧妙融合的精彩剧目。"

"皮尔·卡丹系列家具将以华而不奢，丰富的文化内涵，颠覆性的视觉设计来给消费者带来与众不同的艺术享受与生活甜蜜，彰显家具产品的时尚、高贵、典雅之美。"皮尔·卡丹的中国合作伙伴如是说。

据了解，国外品牌在中国市场一向都显得曲高和寡，绝对精品和绝对奢侈，可望而不可即，可想而不可得。但是，皮尔·卡丹品牌，作为全世界知名的品牌，却走高端产品、平民价格的路线。"皮尔·卡丹家具"在工艺上也完全符合皮尔·卡丹精神。

他们通过分析中国家具市场现状、分析中国家具消费者对家具价值认知标准以及分析中国家具消费群体的背景层次，消除了盲目抄袭国外"新兴"产品、导致产品在中国市场"消化不良"的现象。

"皮尔·卡丹家具"的营销定位在"大品牌、大营销、大整合、精制造、优服务"；以民用专卖为主，工程配套为辅；以别墅家具为主，酒店家具为辅；发展特许加盟为主，结合工程代理；加盟为主，直营为辅。

"皮尔·卡丹"是世界知名品牌，也属于世界文化财富，中国是以文化文明立国的国家，其国际品牌平民化、高端产品平民化的品牌精髓，使所有人都能够以"平民"价格消费国际品牌。拥有13亿人口的中国，正是"皮尔·卡丹"最好的土壤。

据了解，最近10多年来，"皮尔·卡丹家具"要拓展专类产品专卖店100家，约2万平方米，完成建设30个皮尔·卡丹家居用品生活馆的目标，约24万平方米，总计面积约达到30万平方米，最终实现年销售额50亿元的战略目标。

"皮尔·卡丹家具"品牌进入中国，将加快中国家具大品牌建设的步伐。中国将基于"皮尔·卡丹"在服装领域极好的品牌形象及消费者对此国际品牌店的信任，利用其强大的国际品牌背景和极强的品牌号召力，迅速为消费者塑造一个中高档家具品牌。

当记者问及"皮尔·卡丹家具"进入中国市场后，是否会改写中国家具界缺乏大品牌历史的问题时，卡丹先生认为，现在很多国际知名的品牌都在做家具，而且代表了一定的水平，但是，家具发展至今天已经不仅仅是实用性的功能，皮尔·卡丹先生一再强调家具和时尚分不开。卡丹先生做了50多年的品牌，进入到家具行业，也将以做服装的品牌概念来服务家具行业。

卡丹先生相信，在"皮尔·卡丹家具"进入中国市场后，会在一定程度上改写中国家具业缺乏大品牌的现状。

皮尔·卡丹总结了自己的这种"渗透"战术，以及实施该战术所用的手法，大致有以下几种：

一是研究改进，争取顾客。要求企业在进入国内国际市场后，不能满足现状，而应注意产品的性能和质量，重视交货期，提高销售服务水平，改进不足之处，争取有更多的消费者购买本企业的产品；增加产品的吸引力和改善推销方法，可以把其他企业的顾客拉过来，也可以用代用品和替补品把市场上的消费者转移到本企业的产品市场上来。

二是以点带面，扩大市场。要求企业在已有的国内市场产品和出口产品基础上，及时组织系列产品和配套产品的上市和出口，由点及面，形成一组带动多组产品群。

企业借助已打开的市场，带动相关联产品的研制、开发、生产、上市，往往会收到事半功倍的效果。这不但需要企业选准首次上市及出口的龙头产品，还必须重点研究相关市场的消费者爱好，才有可能将品牌产品向其他市场渗透。

三是查缺补漏，填补空隙。敏锐的企业往往能利用国内较大区域市场以及国际市场消费层次多、需求差异大的特点，争夺到其他企业还没有涉及或未予重视的消费市场。

只要有利可图，企业完全有理由向这些被忽视或遗忘的消费角落出口产品，见缝插针，挖掘潜力。这一策略战术的优点就是不会遇到强有力的竞争对手，有时还会得到出乎意料的收获。

在皮尔·卡丹的经营生涯中，这一策略最典型的成功案例，就是他在中国成都市场的成功。当初他来到中国时，曾一度怀疑地处中国内地的成都市是否有能力消费他的高档服装。

谁知不试不知道，一试吓一跳，皮尔·卡丹发现，成都人的品位特别高，对皮尔·卡丹服饰系列的了解超出了他的想象，这让皮尔·卡丹非常吃惊。

四是避强击弱，另辟蹊径。企业在市场上随时会遇到各种竞争对手，如果对手十分强大，双方力量相差悬殊，在这种情况下，企业家应有自知之明，不与强手作正面冲突，早作放弃原来市场的打算，另觅市场。

国际市场范围广，容量大，往往是东方不亮西方亮，企业要以把目标转移到其他国家和地区，或与弱的竞争对手抢市场，或另选新的消费群作为目标市场，重新进行产品定位。因此，企业平时应多收集信息，研究市场，早早准备好若干后备市场，以避免强敌，也可采取避开锋芒，"伺机反扑"的灵活战术。

在这一点上，皮尔·卡丹也做得相当成功，他并不急于在法国谋求和扩大自己的势力范围，而是从外向内，逐步缩小包围圈，最终在自己的国家占得一席之地，这是相当不容易的。

五是避实击虚，蚕食鲸吞。要求企业要保持和发展现有市场份额的同时，可有意识地在其他市场上争取客户，正所谓"狡兔三窟"；对充满强大竞争对手的市场和贸易壁垒森严的地区，绕过各种市场障碍，侧面进攻，蚕食部分市场。经过精心准备的企业，以经常不断地试探向市场层层渗透，将使对方措手不及，防不胜防。

通过这种游击战术，企业可扩大市场范围，增加销路。在这一点上，皮尔·卡丹借助自己创下的金字招牌，开发多种产品，就是一个成功的例子。

皮尔·卡丹在渗透战术上，运用自如，得心应手。尽管皮尔·卡丹一直不喜欢作服饰方面的演讲，但在一次与记者谈话时，他还是提出了关于服饰的一些见地：

在时装设计上，两种或多种色彩，面料的等量对比将是很危险的。服饰打扮可以有一个视觉焦点，也可以有多个趣味中心，关键是注意主次的搭配，上下前后的统一。

成功的服饰并不限于艺术上的完整，还要符合穿着场合的要求。想要成为现代时髦女性，关键要尽可能地减少饰品的佩戴。线迹、拉链、纽扣、商标本身就是时装上的最佳装饰。

不要盲目地追求时髦，它会扼杀你的个性。以不变应万变，也是一种穿着艺术。服装要穿出风格，首先要有自信。款式是青年人最关心的，做工是中年人最重视的，舒适是老年人最喜欢的。

20世纪90年代是休闲时装的天下，在那一时期，休闲装风靡全世界。不可避免地影响了老一代的服装设计师们的观念，大势所逼，他们只能靠创新和适应来求得生存和发展，唯其如此，才能适应市场。

皮尔·卡丹却一改以前的严谨作风，对这一新生事物颇多誉词，并且率领自己的集团，向这一方面靠拢。

他认为，休闲装的出现和回归自然的心态是一脉相承的。当追求生存与幸福的现代人疲惫不堪时，他们发现自己远离了的原始自然界竟是多么迷人！抛弃束缚自身的礼仪，回归自然的美，摆脱写字楼的紧张、刻板、严肃的气氛，享受更自然更富有活力、更健康、更科学的生活，成了都市人的精神渴望。

皮尔·卡丹指出，白领阶层应该从笔挺、刻板、束身的职业装、礼服中解脱出来，从自己精心设计、装扮的角色中跳出来，换上个性鲜明、随意自在、浪漫洒脱的休闲服饰，在赢得了虽不十分漂亮但绝对洒脱，虽不能亮丽动人但舒适自然、挥洒自如的感觉的同时，把心中轻松自信的精神文化也展示了出来：紧张的生活，会变得轻松；沉重的负担得到排解；作为生活的主人，要能从社会着装的角色束缚中冲出来……精彩地活给自己！

皮尔·卡丹解释说，由于休闲服饰在参与和改造现代生活的过程中，不仅将着装者充沛过人的精力、改写刻板生活的超强能力和经济实力、文化修养等，都自觉不自觉地通过外部形象表现了出来，而且以其高雅至美的外形，将着装者精神生活中的紧张压抑造成的痛苦排解出来，给浮躁焦灼的现代人以呵护和抚慰，从而使休闲成了一种时尚，成为现代人对自由、自然的追求，休闲服饰成了对人文化素养、审美水平和经济实力的一种新的显现，休闲服饰因而成为现代文明社会一个流行时尚。一种衣饰即是一种思维方式。

白领阶层拥有一定的文化素养、一定的经济基础、一定的生活态度，并对社会消费生活起着一定的引导作用，在自我休闲的过程中，有责任不断提高自身的文化素质、艺术修养和审美能力，使自己的装束更加潇洒美观、风度翩翩，以优雅面貌示人，这样才能给社会注入一种尚真、尚纯、尚朴、尚淡的清新之风。

在这样的潮流面前，皮尔·卡丹知道，任何逃避的消极方法都是不可取的，于是他大胆地选择了面对和相容的方法，终于使自己处于不败之地。

当年，服装界里这位年轻的裁缝出名以后，便立即打破了一条由来已久、根深蒂固的传统做法：即今天的款式是 A，明天是 H，后天再翻个花样变成了 Y，迄今为止，那些高级裁缝就是这样促使妇女去赶时髦的。

皮尔·卡丹却为自己另定了一条至今还严格遵守着的职业原则。妇女是自由的，任何人都没有资格去规定她们穿什么；衣服要因人而异，为人服务，而不应该要人去适应衣服。跟随皮尔·卡丹的那些年轻的同事们却不这样认为，他们总是想把今天的妇女打扮成昨天歌剧里的英雄，或是打扮成来日的宇宙飞行员。

"他们设法把自己的幻想变成现实，却不为那些穿着他们的设计的服装的妇女们着想。"皮尔·卡丹当初就是这样评论他们的。

皮尔·卡丹喜欢意大利的服装。他说："意大利的时装比较好，既实惠又不过分。"意大利的时装不久前与他竞争得非常厉害。然而，对那些妄图征服欧洲的美国同行,皮尔·卡丹非常看不起他们,他不屑一顾地说:"他们只晓得T形运动衫和牛仔裤,再不就是抄袭我的设计。"

但现在皮尔·卡丹已经改变了初衷,但又不违背当年的原则,只是追随时代不断增添新的内容。

几十年来使他感到自豪的是他为妇女设计了普及的服装,这样的服装不会过时,能适应任何季节。这使得妇女能不再受时装的牵制,不必一味地为赶时髦而劳神劳力。因为比时髦更加重要的是风格,款式可以变,但风格是不变的,以不变可以应万变。

皮尔·卡丹毫不掩饰地承认,他花了10年的时间才找到和确定了自己的风格。他在探索新式样时,总是把立足点放在传统的服装上。他不是什么服饰的革命家或发明家,他是位老式服装风格的革新者。奥地利的民族服装,阿拉伯的传统民间服装,还有古代俄罗斯以及古代中国华丽的服装都成了他设计时装的样板,在它们的基础上设计出新颖的、适时的服装来。

他那了不起的创作本领当然不是来自民俗学,而是取自男装的衣柜。他充分地考察和利用了男子服装的特点来设计女子服装,如男子穿的运动夹克衫、长裤、礼服、双排纽扣大衣、轻便上衣、针织斜纹西装等。这些穿着舒适而又不会过时的男装式样,如今也正大光明地走进了女装的衣柜了。

当然,具有男式美的女式服装并不像它们的设计师所想象的那样始终是普及、时兴的。只要看如今女青年的衣着就知一二了。

皮尔·卡丹认为:"女青年完全仿效男青年,这有时的确是很不适宜的。我自然主张平等,但也反对盲目地追求一式一样。因此,我在设计女装时,总是考虑些细节,如通过褶边或用透明的料子作为衬托等来突出女性的美。如今的青年偏爱派克大衣、牛仔裤、运动衫、阿拉伯人的头巾以及皮外套等,所以时装之王设计的服装影响不了他

们,然而他们的阿姨、母亲那一辈人是不赶这类时髦的。"

皮尔·卡丹在巴黎有一间"卡丹艺术中心"。工作之余,他最喜欢看小说、听音乐、玩纸牌、写写诗歌或短篇小说。皮尔·卡丹认为,"对我来讲,在设计服装时完善我的风格要比追求新款式来得更重要。"

那么他的私生活是怎样的呢?几十年的奋斗减少了他私生活的时间了吗?

他的回答是:"成名使人孤独,我简直总是疲惫不堪。设计服装是一个有损健康的职业,甚至是慢性自杀。除了要经营那么多的专利,每年我还得搞4个服装展览,而且每次展出都要设计出新的款式,以证明所设计的仍是当前最出色的。我将继续奋斗,直至我的生命完结为止。"

通过回顾和总结,皮尔·卡丹再一次步上了他的艺术顶峰。

世界名人非常之路

百年终于磨成一剑

　　一位白手起家，靠自己的努力和勇气获得成功的人，既是一步一个脚印的实干家，又是胆大心细的冒险者，还是一位真正的征服者。

　　有一次，皮尔·卡丹对《纽约时报》说："我曾说过我像戴高乐一样有名，现在我情愿把他换为你们国家的那位麦当娜。"皮尔·卡丹是当今世界叫得最响的品牌。

　　其实，在庞大的卡丹王国里，只有10多个人管理着全球性的业务，并没有什么复杂的商业计划，但这并不说明皮尔·卡丹目光短浅，管理落后，他是非常细心的管理者，帝国里一支笔对外，所有支票都要他签字。

　　他不搞股份制，也不追求合资，他的组织方式没有合伙人。如果哪一天他一觉不醒，可能没有人接管他的事业。皮尔·卡丹是当今世界服装界的老人，是导师，是前辈。不仅在服装界，在整个人类历史上，也算得上一位传奇式人物。

　　这位折服人心的世界级大师，既懂艺术，又懂经营；一只手抓普及，另一只手抓提高。他能将自己的人生境界上升到今天这样的高度，没有自己的独到之处，没有超人的才能智慧，根本不可能做到这一点。

　　现在，皮尔·卡丹在国际服装界仍然有着任何人不可替代的位置和重要性，他个人的理解是因为始终不忘创新："一般人在服装大众化的同时，总是忽略了服装创作，损坏了它的艺术价值。而我正相反：我既让自己的服装大众化，同时又继续保持着我一贯的创造性，所以我不倒。"

由于他在国际服装界超凡脱俗的卓越表现，使他在国内外政界、文化界、服装界连续不断获得荣誉奖章，其中3次获得相当于服装界奥斯卡的金顶针奖最为荣耀。

但这远不是最高尚的荣誉，让全世界都为之激动的是，他在70岁的高龄时，被提名入选为法兰西艺术学院院士。

至此，对于一位老人来说，一般都应随遇而安，而他并不安分，独出心裁地打破和否定了200多年来没有丝毫变化的院士服与院士佩剑的传统，专为自己特别设计了一套院士装与佩剑，接受了院士授礼。

1992年12月2日，皮尔·卡丹被法兰西艺术学院同人正式接纳为院士。就职仪式中，法兰西艺术学院德高望重的终身书记，马尔赛尔·兰多夫斯基发表了一篇精彩的演说，给予皮尔·卡丹极高的评价：

请允许我这样对您说：您生平极不寻常的经历犹如一个童话。

您依然是一个永远充满想象和计划的年轻人，穿上绿袍，您更是集创造者、艺术家及美和未来计划的实施者于一身，您因此极自然地成了艺术学院的院士。您是传统、现代化和企业精神的和谐统一。

从青年时代起，您便被"时尚"，也就是说，对适合表达穿着者风貌的物质外表的追求所吸引：服饰既不是边界，也不是防卫，对于您，服饰已经是灵魂的显示，是一种用来向别人交流的礼节的符号。

您一直试图冲破您以"人道王子"身份穿越其间的各种阶层之间的社会和经济壁垒。

这一理想，我们和您共同分享。正是为了这个理想，为了表彰您如此恢宏的事业，我们怀着热情和友谊于今年2月12日决定接受您为我们的一员，并将我们的学院向这一当之无愧的艺术形式，我指的是高级时装——开放。

我们选择了这门艺术最出色、最杰出和最慷慨的代表之一，一个伟大的形象，一个手指灵巧如金的人——皮尔·卡丹，欢迎您！

马尔赛尔·兰多夫斯基在演说中还从侧面表露了对卡丹品牌的欣赏态度，他诙谐地讲道："您曾经说过自己有'一张漂亮的脸'，现在您已成为一个形象。"

马尔赛尔·兰多夫斯基强调指出，皮尔·卡丹作为一种时装风格和一个工业王国的创造者完全有资格进入学院，因为学院不仅授誉于艺术家，而且同样给那些善于推动和捍卫艺术创造，并使欣赏超越狭小圈子融入全社会的人以荣誉。

当选为法兰西艺术学院自由院士的皮尔·卡丹，这对他来说已是最高荣誉，而那把佩剑确是他荣誉的一个最好象征。

在这个荣誉面前，皮尔·卡丹激动不已，他向所有的拜访者详细讲解了这把剑对他深远的重大意义。

这把剑是费了500小时人工铸成的，我这一辈子的生命、事业，全部象征在这把剑上了；整个剑的造型，上段的头、中段的身、下段的裙摆及联想到长腿的刀部位，表示了我个人所设计高档女子服装的形象。

但这把剑所反映的还不只这些：剑柄的顶头，象征缝纫时常用顶针指套，也代表了我三度所得服装界的金顶针奖；顶针下部刻有两眼的面具，说明了我的出生地威尼斯嘉年华会的标志。

剑柄中段呈心形弧状的"M"字体，有三重意义：既象征我的心，同时也代表了我在世界数个大城市所拥有数个高级餐馆"马克西姆"的第一个字母"M"；此外，还表示了我所设计过两扇高耸如武士盔甲的男装造型。剑柄中心的针，象征了缝纫针与针孔下方的线轴及象征剪刀的剑身，这是说明了我靠缝纫起家的道具。

百年磨一剑，皮尔·卡丹十分清楚这把剑铸就的辉煌和饱含的艰辛，剑代表了他的生命与事业，代表了他的全部。人们在钦羡的同时，也自然会想起他在入选为院士时对整个法兰西听众发表的一番感慨："过去从来没有人严肃看待在布堆中干活的人，然而人类史的演进却完全与服装有关，而且服装是唯一能反映时代的重要证据，是历史的回忆要点。"

他进一步阐明："我认为我能得到这项至高的荣誉，无疑是世人已将时装设计者肯定为正统的艺术表现形态之一，是对服装设计者最崇高的赞礼。"

树立法兰西形象

艺术是没有国界的，服装也应该没有国界，"皮尔·卡丹"不仅属于法国，也应该属于世界。正如他说："我要在世界树立法兰西的形象。"

这倒不是因为皮尔·卡丹本身的能耐和财富，而是他设计的服装受到了世界人民的肯定、喜爱和赞扬。只要将他设计的服装往身上一穿，便有一种雕塑般的潇洒和力度。

世界时装大潮不断推陈出新，一种款式取代另一种款式，一种时尚压过另一种时尚，革新的步伐不停止。卡丹产品能在风云变幻的服装行业中独领风骚 30 个春秋，这本身就是个奇迹。之所以如此长盛不衰，这和皮尔·卡丹自始至终的艺术无国界的理念息息相关。艺术无国界，品牌才能畅游世界，"卡丹王国"才能占领天下。

纵观天下各路豪杰，没有一个是时代前进的落伍者，他们总是明察秋毫、先知先觉，总是引导时尚潮流。

皮尔·卡丹自小就具有一种独创精神和超凡意识。这种超凡脱俗的先天因素为他后来的成功奠定了基础。

他的设计总是超越流行的尖端，领导着时装的新潮流。

他说："我设计我所欣赏的服装，它们是属于明日世界里的服饰。"

正是他的超前思维、创造意识，构成了他作品的特殊风格，并将自己塑造成一位服装界的革命家。

皮尔·卡丹不仅是一位了不起的服装设计者，在经济领域的开拓，他也明显地表现出震惊世人的进取精神。作为一位企业家，必须在竞争与挑战中求生存、图发展，皮尔·卡丹努力走在时间的前面，先入为主，取得了一个又一个的辉煌成果。

皮尔·卡丹的成功，是战略的成功。卡丹奉行"让高雅大众化"的品牌策略，使其时装帝国的疆域不断扩张：皮尔·卡丹从20世纪40年代开始刻意经营，20世纪50年代就打入了世界最大的市场美国以及日本；20世纪60年代和70年代又分别打进印度和中国这两个世界上人口最多的国家；20世纪80年代，全力以赴向苏联、东欧市场进军，并在许多国家开设服装工厂。

他同以上许多国家的政府要人、政界名流、实业界大亨和艺术大师级人物之间有着密切的联系。

卡丹王国与国外政要及其他名流之间的友谊之桥全由皮尔·卡丹一人搭建，他从来不求助于法国政府。他是个很有远见卓识的企业家，在经营上总比别人棋高一筹，前行一步。他经营的主要目标似乎并不在于赚钱的多少，他很少为了盈利而斤斤计较，这种大度的经营作风为他打开世界市场扫清了道路。

皮尔·卡丹走到哪里，就把法兰西带到哪里。他为法兰西在世界上树立了一个完美的形象。他永远受到了人们的尊敬、赞扬和歌颂。

"皮尔·卡丹不仅仅是卡丹先生个人的，也不仅仅是属于法国人民的，它是全世界的瑰宝。这并不是因为皮尔·卡丹这位欧洲老人是如何和蔼可亲，而是服装艺术，使他获得了人类极为高尚的尊严，无限地加重了自身的分量和生命的意义。"

卡丹品牌及其时装的魅力，不仅征服了人民大众，还有政府首脑；卡丹时装的流行不仅仅局限于某一国家或某一地区，而且是遍布了全世界；卡丹的产品不仅在世界成为大时装中心，对巴黎、米兰、纽约和东京有着巨大的影响，而且在第三世界，如南美、中东、东南亚诸国也占有广阔的市场。

打开欧美的市场困难，因为这里的竞争激烈；打开亚洲的市场困难，因为这里闭塞，而且"油水"不多。但皮尔·卡丹排除了种种困难，他在世界市场上扎住了根。

"皮尔·卡丹"一诞生，便不是法兰西的民族服装，而是一种跨越国界和人种的国际性服装艺术。

"卡丹帝国"再大，也大不过闻名遐迩的时装大师之名。几十年来，他以时装业起家，已奠定了他在法国高级时装界的稳固统治地位。

1982年，皮尔·卡丹在巴黎举办了题为"活的雕塑"的时装表演，展示了他30年来设计的女装。各色的时装模特儿穿着皮尔·卡丹各时期的作品依次亮相，手执标明不同年代的卡牌。令人不敢相信的是，虽然时光流逝，但皮尔·卡丹的服装仿佛是昨天才设计出来的，卡丹品牌依然如此鲜活和富有生命力！

1994年冬末，法国巴黎。

这座古老而又时尚的时装之都怀着无比激动的心情，迎来了它的又一大盛事——"法国今冬明春高级服装展示会"。

法国服装展示由来已久，此次规模空前，它既是世界各国服装设计大师们展示自己作品的极佳机会，也是进行服装交易的好场所。这次服装展示云集了来自近40个国家的服装大师们，他们的服装将形成下一年甚至更久的服装流行趋势，其影响之大，之深远，可谓世人皆知。

本次博览会盛况空前，竞争也自然异常激烈，展览厅的相当一部分位置被美国的著名服装品牌占据，以展示近年来美国高级时装的迅猛发展。

日本则在以前的基础上再一次发动了强大的攻势，力求在全世界时装市场的国际品牌中抢占一席之地。在世界服装市场艰苦奋斗了50年的皮尔·卡丹此次以"梦回巴黎"为主题再现辉煌，与其他国家、其他服装设计师的品牌相比，皮尔·卡丹在世界市场上的霸主地位更加不可动摇。

与往届博览会明显不同的一点是，本届博览会的展览部分来自世界各地的品牌更加迅猛增加。除要求主动参展外，组委会还邀请了10家著名品牌前来助兴。除举办专场表演外，组委会还费尽心思，将专家集中起来，对照中发现优势和缺陷，寻找一条世界时装的发展之路。

来自美国、日本、加拿大和意大利等国家的著名时装设计师前来观摩或担任了评委，来自世界的上百名名模参加了大赛的表演。

这次展示会共展示了300多套、几十种颜色、上百款时装，反映了当今高档服装的最新潮流。

以"梦回巴黎"为主题的皮尔·卡丹服装，在本次展会上技压群芳，出尽风头，让所有在座的时装师们叹为观止。

一款摩登舞裙，款式新颖、匠心独运、别具一格，它把以前流行的拖地长裙改成了露出脚面。随着舞蹈脚下功夫越来越精湛、复杂，舞裙被又一次改成了离地20厘米至30厘米，以便观众欣赏技艺，舞裙肩臂保持了晚礼服"露"的风格，突出展示女性脊椎、背部线条。

在舞裙肩、臂部装饰上大胆夸张，以装饰不同款式的飘带，展示舞者飘逸的美感。近年来，飘带款式不断变化，半裸臂式、全包式、双飘式……皮尔·卡丹采用了当时流行的连颈飘带，线条简洁流畅，以体现颈部较长女性的美感，上身再配上花饰、贴钻、亮片、亮珠等饰物，更显衣服品位的高雅。

服装色彩亮丽、跳跃。裙摆6层左右，最外层面料用精纺乔其纱，内5层为高弹尼龙，弹性好、蓬松、轻盈、扩张力强，飘逸而不失稳重。

裙摆采用鱼骨、丝带，经特殊的工艺处理，形成木耳边花型，似蘑菇状云朵花团簇拥在一起。裙摆底缝饰火鸡毛、鸵鸟毛等动物羽毛。裙摆在模特儿随着音乐舞蹈而摆动时，显得一派雍容典雅，风情万种。

在这次展示会上皮尔·卡丹展示了他50年来服装设计灵感的4个主题：

主题之一是幻影咖啡座。衣饰随意舒适，雅致中带点花饰的实用装束，表现出点含蓄的穿衣美和对世界的恬然态度，代表着另具风格、个性独特的文化一族。

主题之二是星际畅想。这是来自人类对漫游银河的幻想。此主题以20世纪60年代修长的外形、简单的剪裁，选用经过加工布料及冷的色调，演绎出天马行空的超现实遐想。

主题之三是都市调色板。繁华忙碌的都市生活，衣饰线条简洁利落，上乘手工及用料带出20世纪50年代和70年代既含蓄又低调的时尚品位。

主题之四是纸醉金迷。这一主题反映旧式鸡尾酒郎的绚烂璀璨，打扮以美艳夸张为主，衣服色调浓艳，强调长身剪裁，充满后现代主义及浪漫风格。

美与艺术的冒险家

皮尔·卡丹待人谦和,这与他那果断的行动以及雷厉风行的作风形成了鲜明的对比。他面容苍白憔悴,身材消瘦,甚至有点弱不禁风,这和他的卡丹帝国之大仿佛相差甚远,这也许是由于他废寝忘食地工作造成的。

用他自己的话说:"我同时过着50个人的生活。工作使人愉快,休息使我烦躁。我从没停止过创新。如果需要设计两年的服装,我就专心致志,全力以赴。没有任何东西、任何人能够使我离开工作间。每天晚上我多次醒来,多次起床。灵感最重要,一有灵感我就赶忙记录在案,免得它倏忽逝去。"

皮尔·卡丹称自己为"热爱世界的冒险家",而新闻界送给他一个"美与艺术的恋人"的雅号。其实,称他为"美与艺术的冒险家"更为确切。

他的成功确实在于他从不停止的冒险行为。他总是做他人没有做过的事,不断创新出奇,被视为"先锋"派的代表人物。然而,他最终在一次又一次的冒险中获得胜利,创造了一个神奇的"卡丹王国"。

一直以来,皮尔·卡丹的行踪奇诡无常,飘忽不定,宛若蜻蜓点水。他的行为很难让外人寻得什么规律,因为他根本无规律可言,忽而搞服装设计,忽而搞美食经营,忽而搞娱乐性的文化中心,甚至还搞手表、家具、汽车和飞机的设计。

在他的超级王国里,除了服装商店之外,还有家具商店、剧院、画院、展览厅。

皮尔·卡丹像旋风一样席卷全球:今日在巴黎,明日去里约热内卢；他还要设计款式，签署合同，导演排练，检查验收。此外，他还要应酬各种招待会、宴会，同他打交道的人上至政府首脑，下至平民百姓。

他说："我很明白自己陷入一个镀了金的牢房里。我成了奴隶，一个我自己和我周围环境的奴隶。我仿佛置身于一个快速旋转的磨盘里，欲罢不能。"

经过多年的开拓与奋斗，皮尔·卡丹创造了一个又一个奇迹，然而皮尔·卡丹本人对此并不满足。他直言不讳地说："我渴望出人头地。现在，谁能和我匹敌呢？"他还要用他神奇的双手和过人的智慧，创造出更多更奇妙的广阔天地。

谁能与他相匹敌呢？这实非自吹自擂，当皮尔·卡丹在世界各地巡回展示他的作品时，留在那里的不仅是他的品牌，还有他的名声。

外面的世界虽然丰富多彩，但皮尔·卡丹却能把它描绘得更加绚丽夺目。在法国这样一个时装大师辈出的地方，有无数世界级大师，皮尔·卡丹不仅能与他们平分秋色，甚至还有过之而无不及。在遥远的东方，他的知名度大过任何其他一位服装设计师。

皮尔·卡丹自然知道他最得力的法宝是什么，那就是每到一处，他总是和上层人物接触，从政治上引起重视，没有哪一位时装设计师能像他那样，在各国受到元首级别的接见。在这一点上，皮尔·卡丹走出了一条与他人完全不同的路子，他总是先通过官方打开市场，然后再引进自己的产品，在商界很少有人想到这一点。

也许在皮尔·卡丹眼里，质量并不是重要的，但是他并不忽视质量的重要性，他只不过在通向市场时，把质量放在了第二位，而将政府的影响和新持有的消费诱导放在了第一位。这样，他的产品还没有进入市场，他的名声就已经先扎下了根。

从一般人的一种未知效应上，许多人都有占有早已闻名的商品的心理，而不是去买回一件时装。经过实践来证明品牌的地位，这是皮

尔·卡丹常用的法宝。

并非无人这样想过，但他们总是比皮尔·卡丹慢了半拍。

皮尔·卡丹先生不仅是一位服装设计大师，一位艺术家，而且具备生意人的精明和预言家的远见。卡丹先生充分利用他在国际服装界的知名度，不断地举行时装表演和其他丰富的文化交流活动，在向人们灌输现代时装文化概念的同时，深深地打上"皮尔·卡丹"品牌的烙印，牢固地树立起"皮尔·卡丹"——国际名牌的形象。

卡丹公司的产品在正式投放市场前的接连不断的时装表演，无论是男女装，还是童装，致使希望穿上皮尔·卡丹时装的各类型的顾客心理期望值增高；同时，前期宣传与实际产品上市之间的时间差，使市场上处于严重的"饥饿"状态，为皮尔·卡丹服装的正式投放市场奠定了基础，也使得皮尔·卡丹的品牌形象更加深入人心。

对服装企业来说，促销是开拓和占有市场的强有力的武器，它能使时装在某一目标市场迅速产生刺激作用。皮尔·卡丹比较早地使用时装培训表演、文化交流等手段来促销，获得了巨大的成功，为众多的服装企业所效仿。

在促销上，皮尔·卡丹与众不同之处就在于，他总是先通过一系列的促销手段打开市场，然后再引进自己的产品。

皮尔·卡丹举办时装表演，培养许多超级名模，使自己的产品进一步扩大影响，从而占领市场。

在设立了专卖店，销售推广自己 PC 商标服饰的商业活动之中，皮尔·卡丹的足迹几乎遍布全球，他总是在路上、在空中、在小轿车里，因而成为一名跨国界、跨洲界的时装大师兼超级旅行家。

在世界众多的时装设计师中，像皮尔·卡丹这样踏遍全球的实在是太少了。就连他自己也说不清到底去过多少个国家，仅亚洲的日本据说就去过 47 次之多，这简直不可思议，不过，皮尔·卡丹每次出国并不是单纯观光游览，而是醉翁之意不在酒，借此将其 PC 商标服饰打入该国，拓展其"卡丹帝国"的海外市场。难怪在世界众多商标服饰中，PC商标最为深入人心，在中国更是家喻户晓。这些都是与皮尔·卡丹本人进行的无数次的奔波和忙碌分不开的。

在考察市场的过程中，每到一个国家之前，皮尔·卡丹都要与其助手、代理商精心研究该国的文化背景、消费水准、市场潜力等诸多问题，每次讨论中，他都不厌其烦，绝不轻易放过任何一个问题。

年逾古稀的皮尔·卡丹以其惊人的充沛精力投入自己产品的销售策划之中，他常常夜以继日地工作，部下们也被其所感染，"卡丹作风"也成为"卡丹帝国"的工作指导原则。对此，旁人无不佩服和惊讶。了解了幕后疯狂拼命的工作作风，就不难理解"卡丹帝国"称谓的内在含义。

皮尔·卡丹具有艺术家的超前意识，对此，做事处处都爱先行一步。除了其服装设计领域方面早有服装的"先锋派"之称外，在其他商业方面也是如此。

他是个很有远见卓识的企业家，在经营上总比别人棋高一着，先行一步。在经营目标中也似乎没将赚钱多少作为重点，所以他的经营很难看到斤斤计较，这种大度的经营作风为他打开世界市场扫清了障碍。

皮尔·卡丹公司每年卖出的设计草图就以千计，而大部分细部设计则交给得到商标使用权的各地商人，用他们的思想去根据当地的实际情况通盘考虑。而皮尔·卡丹只掌握授权公司4%至10%的股份，这就使得他的服装设计更容易走向市场。他的聪明才智就是通过这种方法把自己的名字推向时装界、欧洲以至全世界。

"马克西姆"是巴黎餐厅业的一块金字牌。原来只是对少数人开放的俱乐部的高级餐厅，在近年法国经济衰退的情况下，马克西姆生意清淡，门可罗雀。

皮尔·卡丹购得这块金字招牌的专利权后，很快把它的高级餐厅改为大众化餐厅，又先后在东京、墨西哥、新加坡、布鲁塞尔以及纽约、洛杉矶、芝加哥等著名城市建立马克西姆餐厅，使濒临倒闭的马克西姆餐厅业重新恢复了生机。

1983年，皮尔·卡丹继在北京设立时装陈列室和举办时装展览会后，又在北京开设了马克西姆、美宁餐厅。马克西姆餐厅以高雅豪华吸引在北京的外国人士，而美宁却以物美价廉接待四方宾客。这种多方位的经营思想正体现了这位企业家的精明与远见。

皮尔·卡丹在企业管理经营方面亦奇招迭出。

他首先在法国倡导转让设计和商标、利润提成7%至10%的经营方式，打破了服装行业经营长期一成不变的呆板局面，继而推动了法国服装产量的增长，并且将法国服装设计艺术推向一个高潮。

皮尔·卡丹的经营方式及设计成果不仅在本公司得以承认，还可以直接变为金钱走向社会。尤其是现在的法国，皮尔·卡丹的这些办法早已被广泛采用，并为法国时装业注入了新的生命力。

皮尔·卡丹·卡丹品牌之道

连接和平的纽带

卡丹先生不满足于他在专业和商业领域所取得的成就,一直致力于通过各种社会活动达到增进各国人民的文化交流、建立友谊关系,从而达到各国人民、各种文化和平共处、互相借鉴、共同发展的目的。

皮尔·卡丹从1957年开始,就连续造访刚刚走出战争阴影的日本,至今他已访问过日本几十次,深深受到日本人民的爱戴。

苏联、越南、古巴、利比亚等尚未完全对外开放时,他就到访过这些国家,作为民间外交家,发挥了职业外交家所无法起到的作用。他同以上许多国家的政府要人、政界名流、实业界大亨和艺术泰斗之间有着直接联系。

而这些对外联系并未借法国政府之手,都是他个人开展的。因此,联合国教科文组织在1991年2月聘任皮尔·卡丹为名誉大使,除了负责处理苏联切尔诺贝利核电站事故外,还负责做国际间的容忍工作。

所谓容忍是指各国人民不分种族、财富、教育、性别、文化、宗教等差异,互相包容差异,平等相处,共同发展。皮尔·卡丹亲自设计了五色容忍旗帜,并在中东等地升起,以呼吁人民具有容忍精神。

可以想象,这些举措对处于战火中、热切渴望和平的人们将是怎样的慰藉。卡丹先生还非常热衷于支持艺术家,1970年他在法国总统府隔壁开办了卡丹文化中心,为年轻有为的艺术家提供登台的机会。

例如,俄罗斯芭蕾舞艺术大师玛亚普利采斯卡亚、加拿大籍歌星席琳·迪翁、越南画家丹尼尔·尤、中国画家邓林等，都得到皮尔·卡丹的帮助。有一年冬天，中国文化节也在那里举办画展。

卡丹先生还兼任了环地中海国家理事会秘书长的职务，他也发起了拯救威尼斯和长城的拍卖活动，他目前正组织国际力量重修埃及亚历山大灯塔。总之，目前各种社会活动占去了卡丹先生的很大一部分精力，他亦乐此不疲。

后来，法国总统、意大利总统和日本天皇分别向他颁发勋章。他在国外的公务活动，几乎都受到国家元首的接见，他走到哪里，哪里就要红毯铺地。

时装表演是从西方引入中国的，具体一点说，也就是皮尔·卡丹带进来的。现在，一提时装表演，人们似乎就会看到舞台上婀娜多姿的模特，五彩缤纷的时装，听到一阵阵热烈的掌声。殊不知，万事开头难，当社会上还在批判奇装异服的时候，皮尔·卡丹不可避免也成了一部分人攻击的对象。

然而，极富冒险精神的皮尔·卡丹不会为此所累，任何具有挑战性而且大胆的计划一旦在他的头脑中构思成熟后，他会不惜任何代价将其变为现实，并精心策划，付诸实施。当初，萌发开拓中国服装市场的想法时就有人出来劝阻他：

"中国实行共产主义，你代表资本主义，两者合作是不现实的。"

皮尔·卡丹斩钉截铁地回答："法国人是人，中国人也是人，人民之间没有理由不进行交往，我对中国充满信心。"

皮尔·卡丹还曾说："我第一次来中国搞服装展示会时，中国刚刚开放，还处于困难时期，法国驻华大使认为与中国发展外贸关系不可能有前途，但是由于我对中国传统的了解，我觉得中法文明有着共同之处，我坚信中国老百姓一定会喜欢上我设计的服装。"

事实证明，皮尔·卡丹的确有着敏锐的市场洞察力。他之所以能成为超级大师，能在中国取得如此大的突破，是因为他从不受政治形势和意识形态的束缚。

1989年，一些法国企业停止了与中国的业务往来。而皮尔·卡丹的态度非常明朗：不介入中国政治，法国人没有理由向中国发号施令。他于1990年11月在北京劳动人民文化宫举办了大型时装展示会。北京又一次为中法艺术同台交流提供了盛大的舞台。

皮尔·卡丹带着对中国的热爱，在全面而深入地了解了这个民族之后，他便开始一步步向中国推进，力求多方面与中国合作。

《特里斯丹与绮瑟》是皮尔·卡丹的床头必读之书，他对它一直情有独钟，而这部不朽之作也一直是他的灵感之源、事业之基。早在20世纪60年代，皮尔·卡丹就以此为题材拍过一部电影。不久前，他又推出一款特里斯丹与绮瑟香水。

此后，顺理成章，皮尔·卡丹又花费大量资金，将《特里斯丹与绮瑟》搬上舞台，制造出一部音乐戏剧形式的新《特里斯丹与绮瑟》，在全新的时代背景下，以一种全新的方式来阐释这个古典爱情悲剧。

《特里斯丹与绮瑟》原本是一首产生于12世纪中叶用罗曼语写就的诗篇。这一古老的西方神话，在欧洲广为传诵，与《罗密欧与朱丽叶》并称为西方的两大爱情悲剧。

音乐、歌唱、舞蹈在这部皮尔·卡丹出品的戏剧中天衣无缝地融为一体。音乐通俗上口，旋律优美，乐队演奏出神入化；男女主演索拉尔和玛佳丽的嗓音纯净透明，犹如天籁之音；舞蹈则是掺杂了摇滚、少林功夫、中国惊险杂技以及芭蕾的全新形式。原籍越南的世界级绘画大师姚丹尼设计的舞台布景空灵虚幻，宛若仙境，更渲染了戏剧的神秘和悲剧色彩。皮尔·卡丹为此剧亲自设计的服装美轮美奂。

东方情调——少林功夫、杂技与西方色彩——芭蕾、音乐在神话音乐剧《特里斯丹与绮瑟》中水乳交融，让人们体会到多元文化浓厚醇美的非同一般的美妙滋味。

这部剧在法国国内演出以后，第一次出国演出，卡丹先生选择了中国，选择了北京。有人说，中国人也许是除了法国人自己之外最能理解法国人的国度，这也就是卡丹将此剧的国外首演放在中国的原因。

作为原版的欧洲音乐剧，这也是第一部来华的作品。

关于《特里斯丹与绮瑟》的故事，虽然版本众多，但由皮尔·卡丹出品的这一版本绝对是最时尚、最前卫、最别致、最华美的。

2002年4月22日，《特里斯丹与绮瑟》在北京保利剧院上演，中国是该剧世界巡演的第一站。这不仅是欧洲音乐剧第一次原装到京，时装大师制作音乐剧也引发了人们的好奇。

上演的前几天，一家报纸通过传真，采访了正在巴黎忙碌的皮尔·卡丹先生，他对这部作品给予了详细而又充满热情的阐释。

问：什么原因促使您产生了制作《特里斯丹与绮瑟》的想法？什么时候将它付诸实施？

答：我始终非常热衷于演艺事业，曾经想成为一名演员，因此在巴黎设立了皮尔·卡丹艺术中心，我在中心制作的第一个作品就是以《特里斯丹与绮瑟》为题材的电影，也一直想把这个故事再编成一台音乐剧，因为我想以这个非常纯洁的爱情传说来抨击目前音乐剧市场中的暴力和色情。

问：您对爱情怎么看？

答：爱情是生命中最美丽的感情，我们可以为它做任何事情，它是我们生存的最美丽的原因。

问：您亲自为此剧设计服装，您设计的主导思想是什么？

答：我主要是想设计一些现代的超前的服装。此剧的服装是既现代又符合剧情的。

问：您聘用了一些武术演员在此剧中担任角色，武术可以和音乐剧相融吗？

答：当然，武术和音乐剧是两种完全不同的艺术，但在此剧中，中国功夫演员将扮演士兵、特里斯丹的武士，没有任何演员比中国的武术演员更适合这种角色，可以与他们媲美，而且，如果没有这些功夫演员，我就不会投资制作这台音乐剧。

问：您为什么选择中国作为此剧世界巡回演出的第一站？

答：选用中国的武术演员，使此剧成为一部法、中交流的剧目。把中国作为第一站，是想表达我对这些功夫演员的尊重、我本人对他们在此剧中表演的赏识，而且我个人多年来与中国政府及人民结下了深厚的友谊，《特里斯丹与绮瑟》是法、中文化结合的象征。

问：此剧世界巡演的计划是什么？

答：中国之后，紧接着是日本、俄罗斯，接着是巴西、阿根廷、墨西哥，当然还有德国、洛杉矶、纽约等欧美国家和城市，实实在在地在世界巡演。我认为，这是一部适合所有年龄、肤色、层次观众的剧目。

在该剧即将上演之际，皮尔·卡丹又一次来到了中国，做客新浪聊天室，从皮尔·卡丹的侃侃而谈当中，我们领略的不仅是这位世界级的时装大师对东方古国的款款深情，更多的是皮尔·卡丹那份浓得化不开的艺术情结和卡丹王国的品牌魅力。

主持人：今天我们非常荣幸请到了世界级的服装大师皮尔·卡丹先生做客新浪网嘉宾聊天室，现在请皮尔·卡丹先生向网友问个好。

皮尔·卡丹：各位网友大家好！对于我来说，能够上网回答各位的问题，是非常有意思的一个体验，我参加过无数次的记者招待会，但是在网上回答各位的问题，我是第二次。互联网是一个非常适合年轻人的联系手段，我也希望通过这样一个手段，来满足各位的好奇心。

网友：您做过最有成就的事是什么？

皮尔·卡丹：我最高兴和自豪的一件事情，就是在35年之前，我所设计的那些宇宙风格的服装，那些风格现在才开始在全世界流行起来。

网友：请问成功对于西方人来说是什么含义？

皮尔·卡丹：如果讲一个音乐剧成功的话，那就是它优美音乐的创作、它的舞蹈、它的背景等各项因素和谐地融在一起。

网友：在东方文明中，自然、和谐是最高的追求理念，请问您对此有什么看法？

皮尔·卡丹：和谐就是完美，就是思想和行动、理念和事实之间协调得最完美的状态，这种和谐也是我们追求的一个目标。

网友：请问您保持健康的秘诀是什么？

皮尔·卡丹：最大的秘诀，在我看来就是工作，我工作的时候投入了很大的热情，我认为工作是保持人青春的最重要原因。

尤其幸运的是，我的职业是有交流机会的职业，是一个并不重复的职业，是一个不断创新的职业。这样有很多的机会到国外去，有很多的机会见识新的东西，有很多的机会拍照片、面对新闻界等，这都是我的幸运之处。

网友：您觉得什么是潮流、什么是时尚、什么是最时髦的？

皮尔·卡丹：所谓流行，就是掌握时间火候的问题，就是对于过去已经存在的事物，进行永恒不间断的否定，就是要永远带来新的东西。当然，流行的东西来得太早也是不对的，来得太晚也不对，真正的流行就是来得正好的时候。所以任何时髦都是跟时代联系在一起的，所有的时髦都是不断地更新，所有的时髦都会在明天变得不时髦。与它相对应的"优雅"倒是一个永恒的价值观点。但是，优雅和时尚、流行没有必然的联系。

网友：您觉得中国时尚吗？

皮尔·卡丹：我认为现在中国的时装已经很国际化了，要真正看一个国家所谓流行的办法，就可以到街上去，大家可以看到中国人在街上穿的衣服，已经跟西方人穿的衣服很接近了。

网友：我们都知道您很喜欢中国，那在中国有没有对您很重要的人？

皮尔·卡丹：很遗憾，我所欣赏的人只能在我所接触的人当中进行选择，我没有接触到的中国人里，肯定还是有无数的非常值得欣赏和尊敬的人。我选择用人的标准就是他们的能力，我就是通过人际关系的接触，发现他们的价值。有一句谚语叫"物以类聚、人以群分"。

网友：请问您对网络的看法是什么？

皮尔·卡丹：我对网络的感觉是非常神奇、非常新鲜的，今天是我第二次和网络直接的接触，我在这里面对摄像机的镜头说话，我也不知道我自己的表现如何，我自己是否表现自如，我也不知道你们的感觉如何，总之我自己的感觉就像对着一个空屋子讲话，而实际上各位都在看着我，听我讲话，以及通过视图了解我。

网友：您能谈谈对未来时尚的看法吗？

皮尔·卡丹：将来的时尚，永远会保留着一种神秘感，使将来的时尚更美好。

网友：您可以说跟中国的时尚发展是同步的，请问您在中国时尚发展的10年中，有没有印象特别深刻的事情？

皮尔·卡丹：在服装这个行业里，对于欧洲人来说，中国始终是一个令人向往的地方，从古代开始通过丝绸之路，大家都知道这个故事，1000克丝绸的价值就等于1000克的黄金，那个时候中国通过丝绸之路，把自己的丝绸出口到欧洲，也就是说从那个时候，欧洲人对中国的面料和纺织就有一种向往。

在今天，我通过这些年多次的参观和访问，我了解到中国服装行业也是在非常迅速地发展，我可以这么说，中国的纺织行业不仅拥有今天，它更拥有未来。

网友：您是否认为您的服装已经发展到极致，才转向音乐剧？

皮尔·卡丹：这主要是一个兴趣广泛的问题，我实际上一直没有间断从事服装设计，这是我几十年来一直从事的职业，只是这些年我的兴趣越来越广泛，我在做服装设计的同时，对戏剧感兴趣，还有对电影以及其他的许多艺术形式都感兴趣。这也是一个年龄的问题，到了我这样一个年龄，我就可以把自己的兴趣关注到更多的地方，在有生之年，完成自己各种各样的梦想。

网友：今年的世界杯马上就要开始了，您关注世界杯吗？如果法国得冠的话，您会如何庆祝？

皮尔·卡丹：当然，我会很高兴，我想每个民族的人都希望自己国家的足球队获胜，无论是法国获胜，还是意大利获胜，你们知道，我是在意大利出生的，我都会很高兴，但是假如我是一个中国人的话，那么我当然会更希望中国队夺得世界杯的冠军。

主持人：今天的聊天就要结束，请皮尔·卡丹先生最后向网友说两句话，您也可以介绍一下您即将上演的音乐剧。

皮尔·卡丹：我很高兴和大家一起度过这一个小时的时光，我也很高兴回答大家的问题，我在这里特别感谢为这次网上采访作出贡献的技术人员们，是他们使得我们能够通过这个神奇的工具来进行交流，也许我们下一次在网上还能够见面。谢谢。

永远的时尚老人

皮尔·卡丹，这名字本身就是一部传奇，一个神话，在世界任何角落都不会有人感到陌生。时装设计师、香水制造者、商人、餐饮业老板、文艺事业资助者、院士、联合国教科文组织名誉大使……希望在自己涉足的每个领域都获得成功的他确实取得了骄人的成绩。

总是走在时代潮流前面的皮尔·卡丹，堪称时尚先驱和前锋。他喜欢挑战和竞争，他永不守旧，也永远不会落伍。

冷战期间，皮尔·卡丹就在莫斯科红场成功举办了一场时装表演，令前来观看的20多万莫斯科市民如痴如狂。这位举世闻名的艺术大师从来没有忘记随时代而动，始终在时尚中游弋。

2002年，由皮尔·卡丹中国公司主办的一台名为《云裳》的时装舞台剧在上海大剧院隆重上演。这是一场突破传统的时装秀，它将时装与音乐、舞蹈、戏剧、武术、电影等多种艺术门类相结合，淋漓尽致地再现了服装文化的深刻内涵。

整台演出在序篇《遥远的年代》中开场，两个穿着溜冰鞋的小精灵在场内来回穿梭，引领着观众在时空隧道中追溯泱泱大国华夏五千年的历史文明。观众跟随精灵到达的第一站就是充满着华贵与精致的清代。

《锦绣梨园》中的模特们穿着旗袍踩着电影《末代皇帝》的乐点展示着国服的优雅。接着映入眼帘的是一幅象征着明朝的《日月生辉》图，明朝服装那种纤细和柔美与少林武术的阳刚之气交相辉映，产生出强烈的视觉冲击。

万马奔驰在草原上，悠扬的号声响彻在茫茫大漠。元朝服饰展示的那种粗犷和豪放，让人情不自禁地联想起王维的诗句"大漠孤烟直，长河落日圆"的意境。苏轼《水调歌头》的空灵也是宋代服饰所要表达的主题。

一曲《天上人间》把人的思绪拉到了遥远的广寒宫，让人慨叹眼前模特的表演，真是此景只应天上有。"云想衣裳花想容，春风拂栏露华浓"，唐朝著名诗人李白的诗句是整台服装演出的灵魂。

盛唐大气与雍容的服饰对于今天的人们仍有着强烈的震撼力。当满台辉煌的灯光亮起、模特们如蝴蝶般展开唐装时，在场的每个人都为那强盛与潇逸的服饰精神所折服。

时空又一下子转到了未来。由皮尔·卡丹提供的100套经典服装精品在陈娟红、程峻、赵峻、胡东、郭桦、穆江等中国超级模特的演绎下成了流动的雕塑，在观众席中穿梭。

皮尔·卡丹先生特地从法国赶来，走上舞台向中国的观众致意。他说，服装不仅是流动的雕塑，更是流动的历史、流动的文化。中国的服饰文化给了他无穷的创作灵感，希望这场多媒体中国传统服饰展也能在这里得到中国观众的喜爱。

皮尔·卡丹在时尚界可谓声名显赫，这个创造价值数十亿欧元时尚王国的主人是那么的非比寻常，在服装时尚上更是坚定的未来主义者。

当与他同时代的圣洛朗先生已经作古时，卡丹先生还是一如往常的开朗与平和，即便已经87岁高龄，他还坚守在工作岗位上，2009年，更是在里维埃拉的戛纳一口气推出了全年四季的服装发布，这使他似乎已经淡出人们视野的服装产业再一次回到了最前沿。

皮尔·卡丹接受了著名的男性时尚杂志的专访……

问：卡丹先生，您认为您是天才吗？

答：不，在死之前，谁也不能被认定是天才，我只是非常努力地工作，并且富有创新精神罢了。

问：年龄的增长会让您感到恐惧吗？

答：对我来说，为这个问题感到苦恼似乎太晚了些。去面对吧，我还是很现实的，我周围的人在谈及这个问题的时候都会很小心，但我并不会出现太多错觉。我清楚地知道，活到今天，我随时有可能去的地方只有一个，就是那个地下6米的地方。

一直以来我都时刻保持警惕，并且精力充沛，即便我不再像过去那样能够一跃而过一堵墙壁，但我还会和其他的一些老小孩一样地自在生长。知道自己时日不多总不是那么让人痛快的一件事，但我不会像其他人一样地坐以待毙，我很忙，根本没时间坐着去怨天怨地。

我热爱我的生活，并且庆幸自己现在的身体还算好，思维还算清醒，还有体力来往于世界各地，并且经营着自己的生意，当我确实不行了的时候，我就会退下来。这就好像是油画旧了总会褪色，而画家的手艺依旧不减当年一样的道理。

问：你最为哪一项成就感到自豪？

答：我可不想听起来像个社会学家，但我所自豪的的确是我让那些高高在上的潮流从高级的沙龙里走到了大街上，人们很快就已经可以区分出哪些是奢侈品而哪些是本土设计。在我创业早期，我就有足够长远的眼光去看到，当女性走入职场，男人们就要花上更多的钱了。这就是为什么我着手制造成衣，因为只有这样才应了这新时期女性的需求。这是一场硬仗，当1959年我第一次做新品发布的时候，时尚产业似乎被大众所不齿，而我也感到了些落寞。

问：1966年，您有点古怪的小宇宙设计产生之时，是否因为有一些不对头的事情发生呢！

答：不，我不吸烟不嗜酒，也不滥用药物，从没有过，也不会发生。20世纪60年代的设计让我产生的幻觉并不比其他人强多少。对于小宇宙的设计来源于我宽阔的对于科技和现代发明的视野，宇航员和卫星应当成为20世纪60年代的潮流，因为我总想着，住在月亮上的人们就是该穿成这样的。

问：您是第一个有想法将外太空的思路引入服装的吗？还是有谁逼着您走上了这一步？

答：我和我的几个对手都想到了在这个疯狂的太空年代这一主题。其中有人总是用保守的短衬衫来展现，而我却决定做得更现代一些，人们经常会忽视这个宇宙概念的设计花费了多少心血，需要多大勇气。

问：是不是正是这件事让你在大家心目中留下了自大狂的不好印象？

答：时不时地让人们换换脑筋是很重要的，不然时间一长人们就会忘记我。但我觉得，世事就是这样的。圣洛朗对我走下坡路要负上很大责任，他熠熠生辉的职业生涯、常青树般的姿态和他傲人的天赋真的让我感到危机。

问：你试图尝试一切东西，从沙丁鱼罐头到医院用的整形椅的这种做法会不会对你的品牌产生影响呢？

答：当然，这是不可避免的。我必须在心中牢记，无论如何，如果我没有能够得到这种种产品授权制造的执照，我一定就不会成为今天的我了。我记得一度人们在说，两年之内我的店铺就会关门大吉了。可40年之后，我依旧是这个国际化企业的所有者。那些不怀好意地对我总是持否定态度的人们现在已经不会再出现在我身边说这说那了，你说，这样一来，我们到底谁错谁对了呢？

问：谁是您一生的最爱呢？

答：安德利·奥利弗。我们是近20年的搭档，而且他永远是那么出色，除他以外我没见过更加优秀的人了。对于他我是百分之百的敬仰。他与各种各样的人打交道，轻松得就好像眨一眨眼睛。他并不是想通过社交获得什么，也不是贪婪的掘金派，更不会对谁屈颜附和。人们总想靠近他，就好像曲别针靠近磁铁那样似的。他有很多优秀的品质，总是衣着干净，和蔼可亲，说起话来条理清楚，温文尔雅，甚至有的时候会过分的慷慨。他的幽默感也是独一无二的，无论说些什么，他都能逗得身边的人们笑得开怀。

问：1993年他去世的时候您是怎么过来的？

答：我那一阵真的是极度的失落，实话实说，我几乎一直就没能痊愈。

问：您是怎么看您身后的皮尔·卡丹的整个产业的前景的呢？

答：我觉得一点问题都不会有的。迪奥先生40年前去世了，但到现在他的生意还是极具竞争力的，我现在还在经营着自己的产业，包括我的剧院、餐厅，我的地产业等，我不太喜欢委托于人，我甚至连个顾问团都没有，因为我实在不愿意浪费时间和金钱在毫无意义的中间人身上。当出现什么问题的时候，我就去解决，当需要付账的时候，我签单就好。我从不需要一系列指导，开各种各样的会议去帮我做什么决定。

问：你觉得在你的整个创造性的产业中，哪一位设计师占据了舵手的位置，帮助您走到今天的成功呢？

答：我有一个由4个人组成的小团队，都是非常出色的专家级设计师，我们一起工作了30多年了。

问：您算得上是法国最富的人之一了，金钱真的能买得到幸福吗？

答：当然会有些帮助，没有钱，我就不能向大家展示自己了。

问：因为有些吝啬，您这位商界大亨的名声似乎并不太好了？

答：我其实并不是那么吝啬的，如果有钱人有了吝啬的名声，多半是因为他们过分看重了手中的财富，当我1981年买下马克西姆的时候，我真的被当时瓶装水的价格吓坏了。当时我就有感觉，这种液体黄金一定能够成为发财的又一通道。接着我就在佛罗伦萨开了自己的瓶装水工厂。不用说，我又笑到了最后。

问：您还在准备出手您的产业吗？

答：是的，我们正在一个关键的时刻，但是在这个经济不景气的时候，似乎不太容易。我们的要价是10亿欧元，但如果未来的某位买家没有这么多的资金，那么这就是他们的问题了，与我无关。

问：那些另外的法国奢侈品集团、LV、古奇等表达过想要收购的意愿吗？

答：没有，我大概吓坏他们了。总体说来，奢侈品的现状还是很焦灼的。实际上，我的公司现在的财政状况很好，我们的销售数字直线上升，忽略掉颓废的经济大环境，去年的结果也还是很令人满意的。

问：奢侈品行业会对同时代的潮流产生什么样的影响呢？

答：时尚设计师分为两派，一方面，有一些有才华的年轻人有极强的爆发力，他们的设计很有市场；而另一方面，有些人会很有商业上的悟性，他们对款式、搭配文化很敏感，能够从电影，甚至跳蚤市场、学院派设计师的卷宗中得到属于他们自己的灵感，这是我永远都做不到的。当我1954年推出了泡泡裙的时候，相信我，一定从没有人见到过类似的东西。

问：你有没有后悔的事？

答：为已经洒了的牛奶哭泣是不值得的，但这并不是说我从未犯过错误，确切地说，我曾经放弃了斯沃琪的手表执照、哈金森的鞋业执照，还有一个很好的牛仔裤执照。那时，我的商业顾问警告我，我们的其他的许可在当时的市场条件下可能不是很有利，牛仔设计那时已经是商业上人人觊觎的一大块肥肉，而我肩膀上又还扛着不少别的生意，就这样我放弃了。事实再一次证明，这错误的决定是他们犯下的，与我无关。

问：你并不为没有自己的孩子感到遗憾吗？

答：哦，是的。过去我和女友在一起的时候，我们试着去生一个孩子，但很遗憾没能成功。我也曾经想成为一个孩子的养父，两三个也没有问题。如果是那样，其实我只是为了找个继承人罢了。

实话实说，我的生意就好像是我的孩子似的，在这种意义上讲，我一定是一个模范爸爸，养育孩子，看着他成长，日日如此，60年如一日。

问：你想对40年前说你只是个短命的生意人的那些人说些什么呢？

答：我说什么？街头画家和大师之间的差别就在于只需一眼，你就能看出哪个是大师的作品。在时尚圈，我就已经达到了这样的境界，你不用去看标签，就能知道，这件裙子是卡丹的！

"我依然站在最前沿。"皮尔·卡丹说。

2010年9月29日，88岁的皮尔·卡丹又一次站上了巴黎时装周的伸展台，这距离他上一次举行发布秀已经过去了整整10年。这一年，这位太空风格时装的开山鼻祖迎来了他的品牌60周年大庆。

不过，呈现在观众眼前的并不是一场经典回顾秀，因为，他迫切想向世人证明，即便到了88岁高龄，自己依旧站在时尚的最前沿，"现在的年轻设计师还没有我前卫呢！"他在发布秀前扬言道。

当大多数设计师都还在自己的沙龙里办秀的时候，皮尔·卡丹就率先把秀场搬到了剧院甚至露天场地。可是这一次，这位曾在戈壁沙漠上办秀的设计师却返璞归真，选址于他的巴黎艺术空间，在这个简洁的白色秀场上，衣服才是主角，而非那些附加的戏剧化元素。

"我画设计图非常之快，一个小时就可以画100张！"老先生的这句话或许有点儿夸张了，但是，他的创作活力确实毋庸置疑。他在之前自己的2011春夏服装发布秀场上一口气推出了150件男女服装，而这个系列的款式总数更是多达300件。

看皮尔·卡丹的服装秀总是像经历一场时间旅行。服装大胆运用了粉红、银色、紫色、橙色、绿色等各种色调，并充分展示了其设计中多元组合的特色，你可以看到太空时代的紧身衣、犹如童话中新娘的长裙、超大钟形帽子、橡胶珠宝等。搭配运动风格的太阳镜，好像科幻片中走出的高科技战士，而男女模特手牵手出场的方式，更增添了趣味性。

皮尔·卡丹仍然有一颗年轻的心，他将科幻主义风格与20世纪60年代复古风格一起呈现，鲜艳的色彩与夸张的造型仍是不变的皮尔·卡丹特色。

坐在台下的那些观众，有幸穿越至过去，亲眼见证旧照片和教科书上那些激动人心的20世纪50年代和60年代的摩登风格：几何廓形、创新的合成材料和大胆用色——从布满彩虹色亮片的管式裙到海棠色、巧克力色、电蓝色的大斗篷到让人联想起宇航员装束的雕塑感男装，再到夸张的棒球帽和直指天空的毛毡礼帽。

"可能唯有一个刚刚走下太空舱，正要奔赴银河系中某外星球衣服店的男人，才敢穿上这样一件带有大堆圆形装饰物和超宽肩线的紧身长上衣。"《国际先驱论坛报》的资深时尚评论家苏西·门克斯说。

以她为代表，观看这场秀的观众的平均年龄要比同等规格的其他时装秀略高出一截。当设计师登台谢幕时，他们报以最热烈的掌声，"献给这位开创了至今仍独树一帜的鲜明风格、启发了一代又一代年轻设计师的男人。"苏西这样写道。

然而皮尔·卡丹并不满足于怀旧的共鸣，正如他所言，这不是一个怀旧的系列，他对品牌风格进行了重塑。

"我设计的连衣裙从18世纪风格中获得灵感，但它们异常摩登，你可以轻而易举地将它们放进手提箱里，一点也不占地方。"但同时他也表示，自己不会对每一季的潮流亦步亦趋。他把自己比作一个画家或是作家，喜欢放慢步调。"每3个月就革新一次的风格并不会增加顾客的兴趣。我的顾客都热爱旅行，对她们而言，季节性没多大意义。"

目前，皮尔·卡丹的巴黎旗舰店里不出售任何成衣，只展示高级定制服，他拥有约 100 位忠实的高级定制顾客。显然，这与家喻户晓的皮尔·卡丹品牌形象大相径庭。

早年成功抢滩美国和中国两个巨大市场，推出大量授权产品的他虽然赚到了很多钱，却也付出了相应的代价。他坦言，那些挂着他的名字，却保守过时、迎合中产阶级趣味的男装，让他感到无地自容。

前些年，皮尔·卡丹一直忙于从一些投资者手里买回自己的商标权。本月，他打算在纽约再办一场秀，目的也是为了在美国市场重塑形象，让年轻顾客认识真正的皮尔·卡丹。

对于他有意把公司卖掉的传闻，他表示，"免不了会有这一天，但是它不会从我手里卖掉，现在还没到时候。"同时，他也丝毫没有退休的打算。

"我会坚持到最后。"他说，"我是巴黎高级艺术学会的成员，法国的文化交流大使，还是一个剧场制作人，但是时装设计师这份事业能给我带来最大的快乐。"

皮尔·卡丹说："我的目标是提高品牌在美国市场的销售额，同时我也要在青少年中打响知名度。因为我没有大量的新闻报道，所以年轻人并不知道我是谁，但是我想告诉他们我依然年轻前卫，向他们推出我的原创设计。"

皮尔·卡丹最近还为当今最红的欧美流行音乐天后设计了服装，他说并不觉得有必要聘请年轻的设计师来重新振兴自己的品牌。

他说："我觉得自己的心态非常年轻，现在的年轻设计师比我前卫很少，我现在状态很好，我依然每天都工作。"

人间处处有"卡丹"

进入21世纪,皮尔·卡丹已在全球授权840多家公司挂他的名字,遍布110多个国家,有540家工厂直接或间接为其工作,受他影响的人,超过几百万。每年全球行销的"卡丹"牌产品,销售额都在数十亿美元以上。

他在全世界有20个时装店、6个陈列馆;在7个国家为他的150多种商品获得了3500个许可证。此外,他的5000多家售货店已遍布于全世界,仅巴黎一个城市就有280家之多。

皮尔·卡丹及其时装,不仅对人民大众而且对达官显贵都有征服力,不仅在世界四大时装中心:巴黎、米兰、纽约和东京有着巨大的影响,而且在第三世界,如南美、中东、东南亚诸国也占有广阔的市场。

竞争激烈的欧美市场,闭塞而且"油水"不多的亚洲市场,开展业务都是有很大困难的,皮尔·卡丹不仅排除困难,并且在世界市场上扎住了根。皮尔·卡丹先生以精湛的时装艺术的魅力赢得各国人民的喜爱,皮尔·卡丹品牌时装则以精良的做工和考究的款式赢得了各国消费者的向往。

从1983年9月,马克西姆餐厅在北京正式开张营业,标志着皮尔·卡丹迈开了在华夏开办实业的第一步起,30多年来,皮尔·卡丹在中国的北京、广州、天津、沈阳、哈尔滨、上海、成都等地开办了数十家专卖店和数家马克西姆餐厅,并逐步把在中国的经营模式推向世界,皮尔·卡丹的品牌声誉在世界日益深入人心。

皮尔·卡丹靠他的艺术、他的服装设计,为他后来巨大的事业打下了基础，但广为人知的另一点是，他还拥有一颗一般服装设计师所没有的灵活精明的商业头脑，艺术与商业这两个不同领域巧妙地融为一体，分析原因，可能与他的经历有关。

他没有上过法兰西艺术学院，也没在巴黎大学经济系就读过。从就学那条路上走过来的皮尔·卡丹，就不会是今日的皮尔·卡丹了，要么只是一位艺术家，要么只是一位企业家。

他说，"皮尔·卡丹"一诞生，便不是法兰西的民族服装，而是一种跨越国界和人种的国际性服装艺术。所以"皮尔·卡丹"不仅属于法国，也应该属于世界。

每到一地，皮尔·卡丹便举行时装表演，组织新闻发布会，参观工厂，到高等学校主持时装潮流趋势演讲会，普及时装知识，主动接近政府要员……每件事他都亲自去做。

他马不停蹄地奔走在世界各大洲之间，无论是发达的国家，还是发展中国家；无论是泱泱大国，还是名不见经传的小国，他都不受政治的影响及外界的约束，在这方面他天马行空，格外潇洒。

正如他自己所说的那样："我不想当精英，只想受大众的拥戴和欢迎。我的商标就是我的签证！"

1994年，在越南首都河内举办了一场皮尔·卡丹时装表演，为了看这场演出，居然有2000多位观众一把掏出几个月的工资买一张演出票。当卡丹走上台致谢时，他得到了前所未有的疯狂掌声。

当晚，整个河内沸腾了！

位于法国普罗旺斯区西部的小山村拉科斯特成为皮尔·卡丹用10年倾力打造的最新作品。

自2001年起，皮尔·卡丹便开始不遗余力地将这个偏远的小山村打造为"文化界的太阳城"，迄今为止，其名下物业已超过40套。错落有致的画廊、餐馆、咖啡厅、杂货店，翻修一新的旅舍、公寓、城堡无不打上了皮尔·卡丹的烙印。

据《华尔街日报》专栏作家托尼·佩罗泰特回忆，他曾在施工现场目睹皮尔·卡丹与工人一道搬运沙发，这位身着浅色T恤、卷起袖管的八旬老翁看上去比实际岁数要年轻得多。

"二楼的房间已经装修完毕！"在向托尼展示这间未来旅舍时，他的脸上带着孩子般的欢笑。

值得一提的是，所有室内设计均是皮尔·卡丹亲力亲为的成果，令人过目难忘。例如，每个房间均拥有不同的色彩主题——从充满活力的亮橙色、尊贵华美的浅灰紫到静谧轻灵的松石绿，缤纷的色调与造型大胆的漆木家具相映成趣。

房间的窗户正对着草木葱茏的山谷，坐落于山谷两侧的奔牛村因彼得·梅尔的散文集《普罗旺斯之一年》而闻名遐迩。当然，在皮尔·卡丹眼中，只有拉科斯特才称得上"法国最美丽的小村"。

在落成之际，托尼这样描述自己入住的"小绿屋"：这里有"浓郁的橄榄绿墙纸、浅绿色的V形衣橱以及乌亮的书桌……打开百叶窗即可远眺勃朗峰。崎岖的丘陵及葡萄园沐浴在春日的暖阳下，像是一个普罗旺斯式的梦"。

正如皮尔·卡丹所言，他"在10年内彻底改造了拉科斯特"。在此之前，现代化一直被隔绝在这个"地道的法国小村"之外，如今，这里有了鳞次栉比的旅店、餐馆、咖啡厅……拉科斯特在大师的点拨下已然脱胎换骨。

2012年威尼斯市批准了由著名时尚设计师皮尔·卡丹设计和资助的一座60层大厦的计划，它将极大地改变威尼斯的天际线。

这座大厦是更广泛的改造项目中的核心工程，位于威尼斯以北开垦出来的新郊区地带。威尼斯市市长将这个大厦形容为威尼斯的埃菲尔铁塔，并将皮尔·卡丹誉为"伟大的洛伦佐"，后者是佛罗伦萨著名的梅迪奇美术馆的赞助人。

市长表示，很少能有人愿意花费数十亿美元来投资建造摩天楼，威尼斯需要这样的赞助人来开垦土地，塑造新的艺术标志。皮尔·卡丹的这座建筑将成为威尼斯的埃菲尔铁塔或卢浮宫金字塔，它代表着建筑和工程上的创举。

年届九旬，出生在威尼斯附近地区的皮尔·卡丹，认为这座大厦将是他职业生涯的顶峰。

皮尔·卡丹设计的大厦有3座独立的翼状结构，用6个水平的圆盘楼层相连，其高度和直径均为244米，它还将包含一座饭店、室内外泳池、影院、屋顶花园、直升机停机坪和医院等。大厦作为威尼斯的标志性建筑，将成为创意产业的聚集地，设置了时尚设计学校、展览空间和起步公司孵化器等。

在更大范围的开发计划中，将建造35000万平方米的住宅，25000平方米的饭店和餐馆，11.5万平方米的办公室，60公顷的景观地带以及10万平方米的停车场。

皮尔·卡丹取得如此骄人的业绩，在数不胜数的世界时装大师中，谁能与他相媲美？据说，在法国知名度排在前4位的，是埃菲尔铁塔、前总统戴高乐、时装设计大师皮尔·卡丹和百年老店马克西姆餐厅。

金顶针奖是法国时装界最高荣誉大奖，对一个时装设计师来说，就如同电影的奥斯卡金奖一样，一个人只要有一次机会获此殊荣，已经是无比的荣光和幸运了。而皮尔·卡丹却先后3次获得了这项法国时装的最高荣誉大奖。

数十年来，皮尔·卡丹在国际上获得的荣誉不胜枚举。幸运之神仿佛永远都在庇护着皮尔·卡丹，多年来，他一直傲视群雄，饮誉世界时装舞台。

老骥伏枥志在千里，本应安享晚年的皮尔·卡丹依然不愿停下他前进的脚步！

附 录

的确，我以作为一个裁缝而自豪，我就是从一根针、一根线做起的……

——皮尔·卡丹

经典故事

当代马可·波罗

皮尔·卡丹非常热爱东方文明,他在很多场合把自己比作马可·波罗。马可·波罗将中国古代文明带到了欧洲,皮尔·卡丹则将欧洲的现代服装工业——皮尔·卡丹带到了中国。

他曾多次说,自己年纪大了,希望把公司卖给一个有才华的企业或设计师,但中国市场是个例外。因为中国的市场将是世界上最具竞争力的,卡丹不希望把他30多年辛勤耕耘的中国市场拱手让给一个对中华文化没有深厚感情的人。

皮尔·卡丹出生在意大利威尼斯。从西方到东方,作为闯入中国时装界的第一个外国人,他说自己的经历就像马可·波罗一样。他主持排演了音乐剧《马可·波罗》,将其作为送给中国2008年奥运会的礼物。他的这个礼物印证了他和中国难以挥别的情结。

最早的工作

第二次世界大战一结束,23岁的卡丹便骑着自行车到巴黎去闯世界,应聘于一家名叫"帕坎"的时装店。凭着他的勤奋和灵巧,服装设计技术提高很快。

为了进一步开阔视野,卡丹又投奔由著名时装设计大师迪奥开设的"新貌"时装店。在这里,卡丹增长了见识,积累了领导时装潮流的设计心得和体会，他的设计水平也得到了飞跃。

这一年，著名艺术家让·谷克多拍摄先锋影片《美女与野兽》，邀请皮尔·卡丹设计剧装。卡丹为法国著名演员让·马雷设计了12套戏装，影片公映后，皮尔·卡丹设计的服装惊动了巴黎，美誉如潮。

1950年他自己开设时装公司，制作演出服装。3年之后，他第一次推出了自己的女装设计。从此，依靠他的创造天才，他所设计的时装，越来越引起上层消费者的青睐。

制胜妙招

20世纪50年代的巴黎仅有23家服装企业算得上是"高级时装"的生产商，其服务的对象在全世界也不到3000人。于是，一方面，服装公司受市场局限，出路越来越窄；另一方面，普通大众却对着高雅美观的服饰可望而不可求。

皮尔·卡丹敏锐地洞悉了这一趋势，勇敢地提出了"成衣大众化"的口号，果断地把设计重点放在了一般消费者的身上，推出一系列风格高雅、质料价格适度的成衣。

这一创举激怒了那些守旧的同行们，于是，一时之间骂声四起，用尽了讽刺甚至恶毒的语言，什么"离经叛道，有伤风化"，什么"出身低下，无钱着衣"等。

对此，皮尔·卡丹的回答坚定而有力："我虽然是一个高级服装设计师，但是我有一种发自内心的热情促使自己把设计优良的服装大众化，让更多的人可以买得起，穿得上。

"我为什么只服务于公主、影星，还有那些贵妇人，而不能为老百姓服务呢？我的愿望很单纯，为更多的人设计更多的服装，又错在哪里呢？"

巴黎的时装协会无言以对，却作出了一个无言的决定：开除会员皮尔·卡丹，扑灭"成衣大众化"的革命。

皮尔·卡丹被逐出巴黎时装女服协会后，依旧执着地沿着"成衣大众化"的方向前进，并进行了另一个革命性的创作：打破服装业女装设计的传统，大胆开辟男装设计的阵地，将烈日的光辉洒向古老的巴黎。

成功秘诀

2000年的4月18日，皮尔·卡丹在他位于巴黎北郊的新落成的皮尔·卡丹国际创作中心，度过了自己50年的职业生涯。

50年来，皮尔·卡丹从时装、餐饮到化妆品，构筑起了一个属于自己的商业王国。目前，他在全球98个地区均拥有分公司，雇员超过20万人。

他曾风趣地说："我能够喝我自己生产的酒，到我自己的剧院看演出，在我自己的餐馆里就餐，在我自己的饭店里睡觉，穿我自己生产的服装，用我自己品牌的香水………"

曾有人向皮尔·卡丹请教过成功的秘诀，他很坦率地说："创新！先有设想，而后付诸实践，再不断进行自我怀疑。这就是我的成功秘诀。"的确，从1959年的成衣革命，到率先给自己制作的服装印上自己名字的缩写字母，都无不体现着"创新"二字。

旷世之情

皮尔·卡丹的商品遍布世界各地，他被誉为"全身充满创作灵感和艺术细胞的人"。遗憾的是皮尔·卡丹一生未娶，也没有子女能接手他的时装帝国，但他并不后悔。

80多岁的皮尔·卡丹向新闻界宣称：他将卖掉执掌了60余年的时装帝国，然后专心致力于支持文化艺术事业。回首一生他动情地说道："除了事业，我的一生中还有两个最重要的女人，一个是照顾我起居的姐姐，另一个就是迷人的让纳·摩若。"

皮尔·卡丹与让纳·摩若相爱40年，却并未成婚，然而他们却演绎了一段感人至深的旷世之情！

觉悟人生

皮尔·卡丹因为家境窘迫，无法从事自己喜欢的职业。最后，在父母的安排下，进入一家裁缝店工作。

每天要在裁缝店工作10多个小时的皮尔·卡丹，对这份工作厌恶极了，不仅仅因为繁重的工作所得的报酬还不够他的生活费和学徒费，更重要的是，他觉得自己是在虚度光阴，他因自己的理想无法实现而苦闷。他认为，"与其这样痛苦地活着，还不如早早结束自己的生命"。

就在皮尔·卡丹准备跳河自杀的当晚，他突然想起了自己从小就崇拜的有着"芭蕾音乐之父"美誉的布德里，皮尔·卡丹觉得只有布德里才能明白他这种为艺术献身的精神。

皮尔·卡丹决定给布德里写一封信，希望布德里能收下他这个学生。在信的最后，他写道，如果布德里在一个星期内不回他的信，不肯收他这个学生，他便只好为艺术献身跳河自尽了。

很快，年少轻狂的皮尔·卡丹收到了布德里的回信，皮尔·卡丹以为布德里被他的执着打动终于答应收下他这个学生了，谁知道，布德里并没有提及收他做学生的事，也没有被他对艺术的献身精神所感动，而是讲了他自己的人生经历。

布德里说他小时候很想当科学家，因为家境贫穷无法上学，他只得跟着一个街头艺人过起了卖唱的日子……最后,他说,人生在世,现实与理想总是有一定的距离,在理想与现实生活中,人首先要选择生存,只有好好地活下来,才能让理想之星闪闪发光。一个连自己的生命都不珍惜的人,是不配读艺术的。

布德里的回信让皮尔猛然醒悟。后来,他努力学习缝纫艺术,从23岁那年起,他在巴黎开始了自己的时装事业。很快,他便建立了自己的公司和服装品牌,他就是皮尔·卡丹。

年　谱

皮尔·卡丹·附录

1922年7月2日，出生在威尼斯近郊一户贫苦农家。

1936年，14岁辍学，在一家小裁缝店里当起了学徒。

1939年，只身一人前往巴黎寻梦。

1947年，在迪奥公司担任大衣和西服部的负责人。

1949年，辞去迪奥公司的职务，开始构建属于自己的设计和服装王国。

1950年，在里什庞斯街买下了"帕斯科"缝纫工厂，独立开办自己的公司。

1953年，推出第一套时装设计。

1954年，在巴黎开办"夏娃"时装店。

1957年，在巴黎开办第二家时装店。

1961年，首次设计并批量生产流行服装，一举获得成功。

1962年，担任巴黎服装联合会主席。

1968年，为米兰市和威尼斯城设计玻璃制品，从此开始涉足其他行业。

1971年，荣获意大利"FUR"奖，以表彰其对服装表演界作出的贡献。

1974年12月，登上了美国《时代》杂志的封面，被称为"本世纪欧洲最成功的设计师"。

1976年，在巴黎举办的轻工博览会上购买一块中国挂毯，从此奠定了与中国的机缘。

1977年，首次荣获法国服装设计最高奖"金顶针奖"。

1978年，以游客身份第一次来到中国。

1979年，第二次获得"金顶针奖"。同年，在北京民族文化宫非公开地举办了中国内地第一场"时装秀"。

1980年，举办了中国第一场公开的时装表演。

1981年，买下濒临破产的著名高级"马克西姆"餐厅。同年在北京饭店进行服装展示，用的大部分是中国模特。

1982年，第三次获得"金顶针奖"。

1983年，在北京开办世界第二家，也是中国第一家马克西姆餐厅。之后同一年在9月和10月分别在伦敦和里约热内卢开办马克西姆餐厅。

1985年3月，来华举办时装表演。同年在纽约又开办一家马克西姆餐厅。

1988年2月，荣获意大利共和国授予的"特等功勋"称号。

1989年12月，在北京开设中国第一家"皮尔·卡丹"服装商场。

1990年9月，在北京举办大型时装表演。在广州开设中国第二家"皮尔·卡丹"服装商场。同年11月，在沈阳开设中国第三家"皮尔·卡丹"服装商场。

1991年2月，在广东佛山开设中国第四家"皮尔·卡丹"专营店。同年3月，在四川成都开设中国第五家"皮尔·卡丹"专营店。

1992年12月2日，被接纳为法兰西艺术学院院士。

1993年，和另外两位意大利国际顶级服装设计大师同来中国，在北京举办时装秀。参加北京"'94国际时装博览会"，受到江泽民的接见。

1994年4月，第一次到四川成都举办活动并参观游览。

1998年，和中方签署的14年马克西姆餐厅合营合同到期，归还给崇文门饭店管理。但合作继续，"马克西姆"这个名字依然保留。

之后在上海大剧院开了第二家分店。

　　2004年底，在人民大会堂举办了"中法文化年——皮尔·卡丹风华盛典"。央视四台全球现场直播。

　　2006年10月14日，在北京举行他的2007春夏时装会；同一天，获得中国服装设计师协会特别颁给他的"时尚大使奖"。

　　2008年，奥运会之际在北京蓝色港湾国际商业区开业"马克西姆"第三家分店。

　　2010年9月，重返阔别10年的巴黎时装周，再次引爆世界时尚潮流，期间展示的时装多达250套，为巴黎时装周展示之最。

　　2012年4月1日，在北京水立方举办一台主题为"光之城"的时装发布，年过90的设计师亲自操剪设计包括120套女装和60套男装的全部服装，并亲临现场和90多位名模共同完成时装秀。

名 言

- 理想是一个人成功的源泉。

- 任何成功都是努力的结果。

- 做人有时候比做事更重要。

- 要想领先于别人就得不断创新。

- 有时候只有冒险才能获得成功。

- 谁能占得先机,谁就会得到胜利。

- 因循守旧的唯一结果就是关门大吉。

- 品牌是做出来的,而不是吹出来的。

- 艺术没有国界,服装也应该没有国界。

- 用人上一加一不等于二,搞不好等于零。

- 困难和挫折会让路给那些勇于进取的人。

- 用事实让别人接受你的理念，而不要强加于人。

- 不要浪费时间，因为那样你会很快落在别人后面。

- 一个人如果总是想停下来休息，那他会很快被人超越。

- 如果你想获得巨大的成功，只有一个办法，那就是走好每一步。

- 和谐就是完美，就是思想和行动、理念和事实之间协调得最完美的状态。

图书在版编目(CIP)数据

皮尔·卡丹/石静编著. --北京:中国社会出版社,2014.8
(2022.6重印)
(世界名人非常之路)
ISBN 978－7－5087－4763－7

Ⅰ. ①皮… Ⅱ. ①石… Ⅲ. ①卡丹,P.－传记
Ⅳ. ①K835.655.3

中国版本图书馆 CIP 数据核字(2014)第 124025 号

出版人：浦善新		策划编辑：侯 钰	
责任编辑：侯 钰		封面设计：张 莉	

出版发行	中国社会出版社	地　　址	北京市西城区二龙路甲 33 号
邮政编码	100032	编辑部	(010)58124867
网　　址	shcbs.mca.gov.cn	发行部	(010)58124866
经　　销	各地新华书店		
印刷装订	北京华创印务有限公司	开　　本	170mm×240mm 1/16
印　　张	13	字　　数	200 千字
版　　次	2014 年 8 月第 1 版	印　　次	2022 年 6 月第 3 次印刷
定　　价	49.80 元		

中国社会出版社微信公众号

中国社会出版社天猫旗舰店